本专著受到中国民航大学校级教改项目资助,项目编号分别为:
2021YJS017;CAUC-2022-C2-050。

中国 EFL 学习者的中介语研究

康玉晶 著

吉林大学出版社

·长春·

图书在版编目（ＣＩＰ）数据

中国 EFL 学习者的中介语研究 / 康玉晶著. -- 长春：吉林大学出版社，2023.6
ISBN 978-7-5768-1869-7

Ⅰ．①中… Ⅱ．①康… Ⅲ．①英语－中介语－研究 Ⅳ．①H314

中国国家版本馆 CIP 数据核字（2023）第 131124 号

书　　　名	中国 EFL 学习者的中介语研究 ZHONGGUO EFL XUEXIZHE DE ZHONGJIEYU YANJIU
作　　　者	康玉晶
策 划 编 辑	朱进
责 任 编 辑	朱进
责 任 校 对	刘丹
装 帧 设 计	王强
出 版 发 行	吉林大学出版社
社　　　址	长春市人民大街 4059 号
邮 政 编 码	130021
发 行 电 话	0431-89580028/29/21
网　　　址	http://www.jlup.com.cn
电 子 邮 箱	jldxcbs@sina.com
印　　　刷	三河市龙大印装有限公司
开　　　本	787mm×1092mm　　　1/16
印　　　张	13.5
字　　　数	210 千字
版　　　次	2023 年 6 月　　第 1 版
印　　　次	2023 年 6 月　　第 1 次
书　　　号	ISBN 978-7-5768-1869-7
定　　　价	58.00 元

版权所有　翻印必究

目 录

第一章 概述	1
1.1 中介语理论研究的历史背景	2
1.2 中介语的特征	7
1.3 中介语的成因	10
1.4 中介语的发展模式	12
1.5 中介语形成过程的认知解释	14
第二章 中介语的石化	**18**
2.1 中介语石化现象的定义	18
2.2 中介语石化的特征和分类	19
2.3 中介语石化现象产生的原因	20
2.4 中介语石化的应对策略	23
第三章 中介语的变异性	**26**
3.1 变异性的本质和分类	26
3.2 变异性与系统性的关系	32
3.3 影响变异的因素	33
第四章 中国 EFL 学习者的中介语错误	**35**
4.1 中介语错误的定义	35
4.2 中介语错误的原因与分类	37
4.3 中国 EFL 学习者的中介语错误分析	42
第五章 中国 EFL 学习者的中介语交际策略	**75**
5.1 交际策略的定义	75
5.2 交际策略的类型	79
5.3 影响中国 EFL 学习者交际策略的因素	99

  5.4 交际策略对中国 EFL 学习者的中介语影响 ……… **107**
  5.5 培养中国 EFL 学习者交际策略的途径 …………… **109**
第六章 中国 EFL 学习者的中介语语用能力 ………………… **113**
  6.1 语用学简介 ………………………………………… **113**
  6.2 中介语语用学简介 ………………………………… **120**
  6.3 交际能力 …………………………………………… **123**
  6.4 语用能力 …………………………………………… **125**
  6.5 案例分析：一项基于实证数据的
     中国 EFL 学习者中介语语用能力研究 …………… **136**
  6.6 总结 ………………………………………………… **157**
第七章 结束语 ………………………………………………… **162**
  7.1 中介语研究对我国外语教学的启示 ……………… **163**
  7.2 我国中介语研究存在的局限性 …………………… **167**
  7.3 我国中介语研究的发展展望 ……………………… **168**
主要参考文献 …………………………………………………… **172**
附 录 ………………………………………………………… **184**
  附录 1 ………………………………………………………… **184**
  附录 2 ………………………………………………………… **189**
  附录 3 ………………………………………………………… **191**
  附录 4 ………………………………………………………… **198**
  附录 5 ………………………………………………………… **205**
  附录 6 ………………………………………………………… **211**

第一章 概述

中介语（interlanguage）是第二语言习得研究的重要概念之一，是指第二语言习得者特有的一种独立的、动态的语言系统，是独立于学习者第一语言和第二语言之外的语言知识系统。国内也有学者将 interlanguage 一词解释为过渡语、中间语、语际语。中介语是学习者在二语习得过程中所构建的一种心理语法，该系统在语音、语法、词汇、文化等方面与母语和目标语都不同，是介于母语和目标语之间的一座桥梁，是一种随着学习的深入向目标语不断靠近的过渡性、渐进性的语言系统，是二语习得者认知过程中的必经阶段。

塞林格（Selinker）在其 1969 年发表论文《语言迁移》（*Language Transfer*）中，首次提到了中介语这一概念。1972 年，塞林格又在其论文《中介语》（*Interlanguage*）中，详尽地阐述了这一概念，这篇论文被认为是中介语研究的奠基之作，标志着中介语理论的建立。塞林格认为，二语学习者产出的话语与该语言本族语者所使用的话语并不相同，二语习得者的语言系统是一个独立的语言系统，是介于其母语和目标语之间的一种中间状态。

科德（Corder，1975）认为，二语学习者的话语也是一种语言，他将其称之为特异方言（idiosyncratic dialect），具有规则的、系统的、有意义的特征。该特异方言的部分语法规则来自目标语。科德同时认为，学习者持续学习目标语的过程就是不断地改变特异方言的过程，最终使之与标准方言（目标语）一致。但是，一旦学习者停止学习，这种特异方言就会石化（fossilization）。

1971 年，奈姆瑟（Nemser）发表《外语学习者的渐进系统》（*Approximative Systems of Foreign Language Learners*）一文，使用"渐

进系统"(approximative systems)来描述二语学习者的语言系统，突出其既不同于母语又不同于目标语的特征，强调其过渡性和动态性。他认为学习者的语言系统是一个逐渐接近目标语系统、不断变化的连续体。"渐进"(approximative)一词突出了二语学习者语言系统的发展性本质，该系统一直朝着目标语不断发展；"系统"(systems)一词则说明学习者的语言系统自有一套语言规则。

可见，中介语理论的提出和发展基于以下几种假设：1）中介语系统与学习者的目标语和母语系统不同；2）在中介语不断靠近目标语的渐进过程中，渐进的中介语系统自身构成了一个不断演进的连续体；3）在任何场合下，处于同一阶段的学习者的目标语系统大致吻合。中介语理论将学习者的语言系统置于第二语言习得研究的核心，以对这个系统产生的心理过程做出科学解释为研究目标。

1.1 中介语理论研究的历史背景

在第二语言的习得过程中，学习者难免会犯各种错误，在对待错误的态度上，结构主义语言学家和行为主义语言学家的主张并不形同。前者多用对比分析(contrastive analysis)的方法进行研究，后者则用错误分析(error analysis)的方法加以研究。这两种研究方法殊途同归，研究目的都在于找出和分析学习者出错的原因、错误的类型、错误的纠正和规避，以便学习者的语言学习达到目标语的水平。事实上，对比分析和错误分析都是中介语理论早期的研究方法。

1.1.1 对比分析

1957年拉多(Lado)的《跨文化的语言学：语言教师的应用语言学》(*Linguistics Across Cultures: Applied Linguistics for Language Teachers*)一书出版，标志着对比分析理论的产生。此后，该理论被大量运用于母语对外语学习影响的研究。

对比分析理论的理论基础是行为主义心理学(behavioural psychology)和结构主义语言学(structural linguistics)。该理论认为，母语和目标语两大语言系统间的差异是造成二语学习者语言错误的根源。与学习者母语相似的语言学习任务是简单的，反之则是困难的，这就是拉多（1957）[2]提出的学习公式：

对二语习得者来说，目标语中与学习者母语相似的部分容易习得；与母语相异的部分很难习得。

戴炜栋、束定芳（1994a）认为，该公式的含义可以从以下四个方面解读：1）研究者可以对学习者的母语和目标语进行对比；2）根据对比分析中的差异，研究者可预测会引起困难的语言项目和可能犯的错误；3）研究者可以利用这些预测来决定外语课程和教材中哪些项目应进行特殊处理；4）对这些特殊的项目，研究者可利用强化手段（如重复和操练）来克服母语干扰，从而建立新的学习习惯。

对比分析的主要步骤包括：1）描述（description）：对两种语言进行结构上的描述；2）筛选（selection）：从两种语言中筛选出某些方面来进行细节上的比较；3）比较（comparison）：分辨出各个方面的差异和类似之处；4）预测（prediction）：判断哪些方面容易导致语误。

对比分析理论盛行于二十世纪六十年代，到二十世纪七十年代渐渐淡出研究者的关注范围。究其原因，既有现实的语言学习事实不符合对比分析理论的预测，也有其理论基础的致命缺陷造成的。

现实方面，越来越多的语言研究结论与对比分析理论的主张相矛盾：1）母语迁移并不是错误的唯一来源；2）对比分析理论所预测的语言错误在学习者的实际学习过程中并不总是出现；3）二语习得涉及学习的主体和客体诸多方面，对比分析理论倡导的语言环境决定论忽略了学习者本人的主观能动性。

理论基础方面，行为主义用"刺激—反应"（stimulus-response）来解释人类的一切行为。面对外界的刺激，人们会做出一定的反应。如果获得了想要的结果，代表反应成功。这个反应就会被强化。经过多次强化，某种刺激就会引起特定的反应并成为习惯。既有习惯往往会对新的习惯产生影响。当旧习惯和新习惯有相似之处时，影响是积极的，即为"正迁移"（positive transfer），当旧的习惯与新的习惯不同或差异较大时，就会出现干扰和"负迁移"（negative transfer）。对于新习惯的养成来说，这种干扰是负面的、不受欢迎的，应该尽早摒弃。既然语言习得也是人类社会的一种行为，那么，它同样是一个习惯养成的过程。因此，行为主义心理学提出了语言习得的一个模式：

模拟—操练—强化

学习者借助此模式，形成一套语言学习的习惯，在学习过程中，母语知识作为旧的学习习惯，必然会对新的学习习惯（目标语知识）产生影响。这种影响也有正向和反向之分，当母语和目标语的语言规则相似或相近时，正迁移就会出现，相异或差距较大时，负迁移就会显现。二语学习过程中的错误就是母语负迁移导致的结果。错误的语言习惯一旦养成就很难改正，因此教学过程中必须对错误采取"有错必纠"的零容忍态度，以免学习者产生错误的习惯。据此，我们可以将对比分析理论的核心思想通过以下公式来表示：

差异 = 困难 = 错误

这个公式存在两个方面的问题：一是，"差异"是语言学上的概念，而"困难"属于心理学的范畴，二者之间不能画等号。二是，"困难"和"错误"也不是对等关系。研究表明，学习者有时会因为意识到难点而采取"回避策略"（avoidance strategy），错误也就无从显现。由此可见，这一公式过于简化，无法解释语言学习过程中的全部现象。

乔姆斯基（Chomsky）在二十世纪五六十年代对行为主义心理学和结构主义语言学进行了批判，从根本上动摇了对比分析理论模式的理论基础。乔姆斯基认为，行为主义所主张的刺激—反应假说以及模拟—强化的语言习得模式无法解释人类语言学习过程的复杂性和创造性，无法解答儿童在语言习得方面的两个典型问题：为什么儿童在不充分的语言环境中依然可以习得母语？为什么儿童可以理解和说出他们没有接触过的语言？乔姆斯基认为，语言学习并不是简单的刺激—反应的习惯养成过程，而是创造性的假设—检验过程，在这个过程中，学习者不断根据语言输入对语言规则提出假设,并通过语言输出验证这些假设,从而对错误的规则假设进行修正和完善。乔姆斯基提出,儿童生来就有习得语言的机能(faculty)或机制(device),即语言习得机制(language acquisition device)。该机制可被看作一个语言蓝图,随时准备习得任何语言,借助该机制,儿童无须特别的教导就可以习得相当复杂的语言。

简而言之,对比分析理论把语言迁移看作二语学习过程中的错误来源,旨在通过对比分析母语和目标语之间的差异,解释、预测学习者的错误。该理论试图用简单的语言学方法去解决复杂的心理学问题,在方法上过于简单粗暴,理论局限性较大。当然,作为一种语言分析方法,对比分析理论并未完全退出语言研究和教学的舞台。在教材编写和针对学习者语言的实证研究领域,对比分析的结果一直受到高度重视和广泛关注。

1.1.2 错误分析

七十年代初开始,二语习得的研究重点从对母语和目标语的对比分析,转向研究二语习得者的语言系统。通过系统分析和研究学习者所犯的语言错误,确定错误发生的根源,从而揭示外语学习的过程和一般规律。错误分析理论应运而生。

该理论的语言学基础是乔姆斯基的语言习得机制(language acquisition device)和普遍语法(universal grammar),心理学基础是认知理论。错误分析理论把二语学习者的学习过程过程看作其语言规则的形成过程。在此过程中,伴随着目标语的输入,学习者尝试对目标语做出一系列假设,并通过目标语输出检验、修正这些假设,不断重复假设—检验过程使学习者的语言系统逐渐靠近目标语系统。

错误分析理论的最早的提出者和倡导者是科德。1967年,科德发表了《学习者错误的意义》(*The Significance of Learners' Errors*)一文,提出了错误分析的理念并指出了错误分析的三个意义:1)帮助语言教师确定教学内容。教师通过分析学习者的错误,发现其中介语发展阶段和需要学习的知识,明确下一阶段的教学内容;2)帮助研究者了解二语习得的过程。研究者对学习者的错误进行系统性的分析,得到语言学习的实证,以此了解二语习得者在学习过程中采用的学习步骤和策略;3)帮助学习者检验学习假设。通过犯错,学习者可以检验其对目标语所做假设的真伪,这是学习者学习语言的一种策略。

科德(1967)将语言错误分为"错误"(error)和"失误"(mistake),认为失误具有偶发性、无规律的特点,是由于一时记不起、思维混乱或情绪紧张等原因造成的语言运用错误(如口误、笔误),学习者可自行纠正;错误具有多发、有规律的特点,学习者不能识别它的不正确性,无法轻易或自行纠正,因而能系统地反映了学习者当下的语言能力。可见,失误是一时疏忽造成的,错误则是语言能力缺乏导致的,后者更具有研究价值。

此外,科德(1974)还提出了错误分析的一般步骤:采样(collection of a sample of learner language)、识别(identification of errors)、描写(description of errors)、解释(explanation of errors)和评价(evaluation of errors)。

错误分析的目的是分析和研究二语学习者的错误,归纳总结产生错误的规律、类型和引发错误的常见原因,探寻学习者在学习过程中采取的学习策略和遇到的共性困难。以便在教学过程中帮助他们改正错误,使外语教学更有针对性和效率。该理论的贡献主要体现以下两个方面:1)揭示了二语习得者在学习过程中所犯错误的本质。让二语习得的研究者和语言教师重新审视了学习错误的价值。学习错误不再被视作语言学习的敌人,而将其当作语言学习过程的路线图,以此了解学习者所处的学习阶段。2)形成了一套行之有效的错误分析方法和步骤,对二语习得的研究和教学颇具指导意义。

错误分析理论也存在不足之处。第一,仅从目标语的角度描写错误有失偏颇。布莱-韦罗曼(Bley-Vroman,1983)将其称作"比较失误"(comparative fallacy)。错误分析理论一味地将二语学习者的中介语与目标语言系统进行比较,忽视了学习者语言系统的内在规律和特征,充其量只能说明学习者的中介语距离目标语有多远,并不能准确描述他们的中介语系统。第二,错误分析理论聚焦学习者的错误本身,忽略了对学习者的语言知识和语言能力的关注，研究范畴狭窄。该理论未能在二语习得发展的动态过程中研究学习者的错误，缺少对二语习得发展过程的总体把握。第三，与对比分析理论一样，错误分析理论也不能解释学习者所使用的回避策略。某些错误犯得少，并不意味着该语言知识已被学习者所掌握，而是学习者未能习得该知识点。只统计学习者的错误有可能得出错误的结论，没有犯错误的学习者并不能说明他已经达到了母语者的水平。

对比分析和错误分析理论都有其理论价值，但也都存在不足之处，二者都不能全面解释二语习得过程，中介语理论因此应运而生。中介语理论将二语习得过程中学习者特有的学习系统区别于学习者的母语和目标语语言系统，旨在全面考察学习者的二语习得过程，这标志着第二语言习得研究范式的根本改变。

1.2 中介语的特征

二语习得者的中介语是一个独特的自然语言系统，独立于其母语和目标语系统，是二者交互作用产生的新的语言系统。该系统能够反映学习者的母语和目标语的语言特点，具有以下鲜明特征：

首先，中介语具有系统性。语言学家认为中介语是一种自然语言（Adjemian，1976；Tarone，1979）。尽管中介语存在着各种变体，个体学习者有其独特的中介语系统，该系统也处于不断变化中，但是中介语并不是一堆杂乱无章的语言现象，而是一个独立的语言系统。其系统性体现在两个方面：1）中介语具有内部的固有结构，在任何一个阶段都呈现出较强的系统性与内在一致性，可以进行系统的语言分析。2）中介语具备一套独特的语音、词汇和语法的规则，遵守语言普遍性规律的限制。当学习者学习新语言时，并不是直接学习目标语的语法，而是通过对输入的目标语进行加工，对目标语的规则提出一些假设，"虚构"出一套独特的中介语语法。这些语法规则在经过学习者检验和评估后，一些被保留下来，一些被抛弃。在此过程中，学习者的中介语系统逐渐靠近目标语系统。二语习得的过程就是学习者使用这套自己虚构出来的语法规则体系，运用中介语进行各种交际活动的过程。

其次，中介语具有动态可变性。中介语具有逐渐进化的特征，该语言系统始终处于一个不断地发展变化过程。随着学习者语言水平的进步和提高，其中介语逐步向目标语靠近。学习者学习语言不是简单地习得固定的目标语语言形式和规则。在习得过程中，学习者需要不断地调整自己的语言资源以适应不同的语境。因此，中介语在实际话语中的使用呈现出动态的特点。中介语的动态性和系统性并不矛盾。二者的衡量角度并不相同。从某一特定时期来看，中介语是系统的。任何学习阶段的中介语语法都有一套独特的规则，可以自成系统。然而，系统性并不意味着中介语的规则是永恒不变的。从中介语的整体发展历程来看，随着学习者接受的目标语语言输入增多，中介语始终以渐进目标语的方式发展变化着。在此过程中，多种因素共同制约着中介语的渐进式演变：学习者所处的语言环境、母语迁移的影响、学习者的目标语发展阶段、交际对象、学习者的学习风格、学习策略、学习动机，等等。语言习得是一个开放的、不断演化的复杂系统，并非简单的线性过程。如前所述，二语习得过程其实也是一个假设验证（hypothesis testing）的过程，学习者通过不断输入目标语的新规则，持续验证、保留、舍弃自己虚构出来的过渡语言系统中的规则。这一不断重复的假设—检验的过程就是学习者完善和修正自身语言系统的过程。在此过程中，学习者的中介语以缓慢地、渐进式的方式向目标语系统规律运动。阿捷缅（Adjemian，1976）用"反复性"描述这一过程。中介语并不是以直线方式靠近目标语，而是以曲折的、往复的方式渐进。这符合事物发展的客观规律。二语习得者都曾有过这样的体会：某些已经得到纠正的错误还是会有规律地反复出现。甚至一些高阶的二语习得者也会遭遇这样的情况：当自身语言能力已经达到了一个较高的程度，交际能力有时也会后退。这就是中介语的反复性。当然，中介语的不稳定和反复性是暂时的，其发展趋势总是向着目标语靠近的。

再次，中介语具有可渗透性。中介语是一个开放的系统，构成该系统的语言知识规则不是一成不变的，随着新的目标语语言输入，新的语言规则会不断地添加到学习者的中介语系统中，对学习者的中介语发展产生影响。这就是中介语的可渗透性。中介语的这一特征主要有两个方面的表现：1）学习者的母语系统规则对中介语系统存在影响，即正迁移和负迁移影响；2）学习者滥用和过度概括目标语规则对中介语系统存在影响。中介语的可渗透性保证了中介语逐渐接近目标语的可能性。倘若中介语系统不能容纳新的语言输入，该系统保持固定不变，就会造成中介语的僵化，学习者的语言能力也就无法进步。事实上，中介语的可渗透性并不是中介语独有的特征。研究表明，所有的语言都具有该属性，中介语的特殊性在于其渗透性的程度高于其他语言。相比于其他语言，中介语系统能够容纳更多的语言输入。二语学习者正是不断地通过内化新输入的语言规则和语言形式，验证自身对目标语的规则假设，抛弃错误的语言规则，建立正确的规则。只有这样，中介语系统才能不断丰富和完善，逐渐向目标语系统靠近。

除上述三个公认的中介语特征，国内外的语言学家也从其他角度对此展开研究，几个有代表性的研究：1）中介语的过渡性特征。科德（1967，1971）也认为学习者的中介语系统是一个动态的系统，他使用"过渡能力"（transitional competence）来描述学习者的中介语。所谓过渡能力，是指学习者关于某种语言的内在知识，并且这种语言系统具有过渡性的属性。2）中介语的渐进性特征。奈姆瑟（1971）则提出了"渐进系统"这一概念。"渐进性"认为学习者的中介语系统是一个逐渐接近目标语且不断变化的连续体，学习者的语言系统总是朝着目标语有规律地运动，但是，中介语永远不可能实现完全接近目标语这个终极目标，完全接近是一种理想状态。这就是目标语的不可接近性，即中介语的发展介于本族语和目标语之间，方向是远离本族语，靠近目标语，但这一渐进过程是无限的。3）中介语的创造性特征。学习者在二语习得过程中并不会完全套用母语的语法规则，也不可能完全照搬目标语的规则，而是创造性地构建了一个学习者所独有的语言系统。4）中介语还的稳定性特征。一方面，二语学习者永远无法达到与目标语母语者完全一样的水平；另一方面，学习者在某些语言形式的习得过程中会发生停滞不前的现象，即石化。例如，在二语语音的习得过程中，石化现象经常发生，即使学习者的词汇和句法已经达到了相当高的水平，语音还会体现出母语的负迁移影响，并伴随学习者终生。

1.3 中介语的成因

塞林格（Selinker，1972）认为，第二语言学习过程中有五个心理过程影响着学习者中介语的产生：语言迁移、训练迁移、交际策略、学习策略、目标语规则过度概括。这五个过程结合起来构成了语言学习者内化的中介语系统。本节简要介绍塞林格对中介语成因的解释。

语言迁移（interlingual transfer）一般指母语迁移对中介语的影响。母语迁移是中介语产生的一个最主要的根源。正如前面所分析的那样，在第二语言习得过程中，学习者的母语系统规则会对目标语学习产生积极或消极的影响，从而形成正迁移或负迁移。母语和目标语之间的差异会形成负迁移，引起学习困难发生，最终导致学习者犯下错误。例如，在学习的初始阶段，中国 EFL 学习者往往将英语词汇套入汉语结构中，产生诸如 "① *His age is very young. ② *Her name is called William."等负迁移的中介语句子。

训练迁移（transfer of training）一般产生于第二语言教学过程中。在二语习得过程中，不当的教学方法、错误的学习材料、不适宜的训练方法都可能导致中介语错误或僵化的发生。埃利斯（Ellis，1995）将这些由于教学不当所引发的特殊错误称为"诱导性错误"（induced error）。例如，如果教师的个别音素发音不够标准，学习者受到影响后也会犯同样的错误，这对初学者的影响尤其明显，并且这种语音上的错误很可能会发展成为语音石化现象。

交际策略（communication strategies）对中介语的影响产生于二语学习者与目标语的母语者进行交际的过程中。学习者在与母语者进行交际时，通常会采用辅助性的表达方式，如回避（avoidance）、转述（paraphrase）。这就是交际中的"补偿策略"。这是由于学习者的第二语言知识有限，对目标语规则掌握不充分，当需要表达其现有语言水平或能力以上的内容时，不得不有意识地使用一些交际策略进行补偿。如英语初学者要表达"我迷路了"的意思时，不知道可以用"way"这个单词，可能会说出"*I lost my road."这样错误的表达式；再比如，由于不会使用"Fishing is forbidden here."这一表达式，在翻译"此处禁止钓鱼"的句子时，会采用替代形式"*This place cannot fish."进行交际。交际策略的选择可以反映出二语学习者所处的中介语发展阶段。随着学习者目标语知识水平和能力的提高，他们会从逐渐以第一语言为基础的交际策略过渡到以第二语言为基础的策略。在真实的交际环境中，通过使用交际策略，二语学习者不断建构其中介语的心理模式，完成从母语逐步接近目标语的目标。

学习策略（learning strategies）是指中介语的某些成分可能来自二语学习者在掌握目标语时所采用的不同学习策略的结果。二语学习者在学习某种语言时，由于语言水平还未能到熟练运用程度，会尝试对该语言进行策略性处理。常见的学习策略包括使用：省略（omission）、迁移（transfer）、简化（simplification）、重构（restructuring）、减少（reduction）、使用套语（formulaic language）、替换（substitution），等等。借助学习策略，二语学习者可实现对学习过程的宏观调控，这对其中介语的发展有直接的影响。例如，初学英语的人因使用省略的学习策略，时常会将曲折词缀 -s 省略（如表示动词第三人称单数或可数名词复数形式时），从而在语言输出上，产出如下的中介语输出形式："①*My friend study English. ②*John said he saw five cat in the garden."。

目标语规则的过度概括（overgeneralization of target language rules）是指中介语的某些错误或僵化成分可能是学习者对目标语规则和语义特征过度概括后的结果。在二语习得过程中，学习者常常会因为想要简化目标语规则，把目标语的某个特定规则泛化成普遍性的规则进行套用，从而造成中介语错误。这种错误与学习者的母语系统并无关联，但是能够反映出学习者的目标语水平和能力。例如，如果学习者把英语中表示动词过去时的一般规则（动词 + 后缀 -ed）泛化成所有动词过去式的规则，就会造成错误表达："*He goed to Beijing last day."。

塞林格提出的五个心理过程将影响中介语产生的因素局限于中介语产生的过程。本书作者认为，二语学习是一个高度复杂的心智活动过程，是学习者和学习环境综合作用的过程，因此，考察中介语的成因应综合考量语言内部因素（如母语、目标语、语言教学、语言训练、学习策略等）和外部因素（学习者的知识结构、认知水平、语言天赋、社会文化背景等）。

1.4 中介语的发展模式

根据本章第 1.2 节中有关中介语特征的介绍，可知中介语是一个自成体系的语言系统，既不同于学习者的母语系统，也有别于目标语系统。该系统具有系统性、动态变化性和渗透性的特征。随着学习者学习程度的加深，中介语始终处在逐渐向目标语系统靠近的动态过程中，其发展有明显的阶段性痕迹。布朗（Brown，1987）将中介语发展划分成四个阶段：无规律的错误阶段、突生阶段、系统形成阶段、稳定阶段。划分的依据是二语习得中的语言错误类别。

第一阶段是无规律的错误阶段（random error stage）。在这一阶段，学习者尚未掌握足够的目标语知识，对目标语的规则只能形成一些模糊的感性认识。在目标语输出的过程中，尽管学习者具备交际意愿，但由于他们并不知道怎样运用正确的目标语规则实施言语交际行为，因而会犯很多错误，且这些错误通常没有规律可循，学习者也没有能力对错误做出解释并进行纠正。语言教师应采用发展的眼光，对这一阶段的学习者宜采取容忍态度，对他们的错误不必每错必纠或给予过多的解释和干预。例如，英语 be 动词和情态助动词的误用在此阶段很常见："① *She is runs on the playground. ② *He must to go to school tomorrow."。

第二阶段是突生阶段（emergent stage）。在这一阶段，二语学习者开始了解并内化目标语系统的某些规则，语言能力（competence）也有了一定的提升。对于这一阶段的学习者来说，他们往往能解释自己的错误，但是仍旧不能进行自我纠正。此时，教师不但应该纠正学习者的错误，而且还要对错误做出解释，只有这样才能帮助学习者形成对目标语规则正确完整的概念，从而提高其目标语规则的内化程度。当然，学习者在此阶段内化的目标语系统并不稳定，学习很有可能会出现倒退现象，他们的语言应用能力可能后退到更低的水平。莱特博恩（Lightbown，1985）指出，二语习得不是简单的线性累积发展，它的一大特点就是退步现象（back sliding）的出现，以及对已掌握的语法规则的遗弃（loss of forms）。我们经常会观察到这样一种现象：如果长时间不使用或不接触第二语言，二语学习者那些已经习得的第二语言知识和技能也会发生丧失或退化的现象。另一种现象更为有趣：长期生活在第二语言环境中的本族语者的母语技能也会产生退化和丧失的现象。这些现象即所谓的"语言耗损"（language atrition）。

第三阶段是系统形成阶段（systematic stage）。在这一阶段，学习者的目标语语言能力进一步得到了提高，尽管他们内化的目标语规则并不完美，但是他们能够达成交际行为，实现交际目的。与第二阶段相比，第三阶段的学习者呈现出两个明显的特点：一是，他们的语言输出更接近目标语系统；二是，他们能自行更正自己的学习错误。

第四阶段是稳定阶段（stabilization stage）。在这一阶段，学习者基本掌握了目标语系统的规则，他们会犯更少的错误，意思表述更为流畅，在交际活动中也会有更好的表现。处在这一阶段的学习者无须他人指出便能识别、纠正、解释自己在语言运用中出现的错误，并能够形成正确的语言习惯。他们的语言系统趋于稳定，且无限趋近目标语系统，欠缺的仅是母语者独有的语言文化习惯。这一阶段的学习者还是会偶尔犯错，但是他们所犯的错误通常并不严重，多数错误由疏忽、紧张等心理因素或记忆力原因导致。教师对这类错误只需点到为止，无须过多解释，让学习者在具体的语境中自我修正即可。

尽管个体学习者的中介语发展历程不尽相同，但大体上都会经历以上四个发展阶段。布朗提出的这一中介语阶段发展理论符合人类的普遍认知规律，对二语学习和外语教学有很大的启示意义。在教学过程中，外语教师可以将中介语的四个发展阶段作为参照，理解处在不同阶段的学习者所犯错误的本质，了解他们的中介语发展阶段。教师不仅在主观上更能接受学生在目标语实践中所犯的错误，在客观上也能采用更有针对性的科学方法对学生施以强化训练，从而帮助学生在目标语学习和使用中认识错误、改正错误。

1.5 中介语形成过程的认知解释

由于二语习得研究学者对中介语的理解不尽相同，对其形成过程的解释和分析也存在差异。目前，国外学者对中介语形成过程的解释模式主要有五种：塞林格（Selinker）的"规则组合"模式，科德（Corder）的"假设—检验"模式，阿捷缅（Adjemian）的"渗透"模式，塔隆（Tarone）的"能力连续体"模式，以及怀特（White）的"参数设置"模式。国内主要有三种模式：张望发、柳英绿的"空间合成"模式，温伟力的"空间整合"模式，阎长红的"补缺法"模式。本节将对以上几种模式的框架分别做简要梳理。

塞林格（Selinker，1972）提出了五个影响中介语形成的心理过程：语言迁移，训练迁移，交际策略，学习策略，以及目标语规则的过度概括。其中，语言迁移和目标语规则的过度概括是中介语产生的主要根源，前者是母语对目标语的语际迁移，后者则反映了学习者过度概括目标语规则而产生的错误。母语规则（L1 规则）和目标语规则（L2 规则）是塞林格"规则组合"模式中的两种主要的语言规则。母语规则（L1 规则）是指带有母语特征的中介语规则，由母语的语际迁移造成。首先，母语与目标语系统共同构建的"跨语言情境"（interlingual situation），为母语迁移创造了前提条件。其次，"语际识别"（interlingual identification）则为母语迁移提供了必要条件。目标语规则（L2 规则）是指带有目标语特征的中介语规则，通常由目标语规则的过度概括造成。中介语的形成并不是母语迁移的单一原因造成的。有三个二语习得过程中的现象可以证明这一点：1）二语习得者的语言系统中总是存在着大量的"非母语结构"；2）二语习得者的语言结构与本族语儿童习得母语时的语言结构具有相似性；3）讲不同母语的二语学习者可以享有共同的目标语过度概括现象。例如，研究表明，在习得英语过去式这一语法规则时，以英语为母语的儿童、以 A 语言为母语的二语习得者、以 B 语言为母语的二语习得者，都会出现同样的过度概括现象。这是因为：第一，无论以英语为母语的儿童，还是第二语言学习者，在习得新的语法规则的过程中，普遍会运用一种学习策略：借助以前学过的规则来理解新的知识点，如把表示过去式的动词加后缀 -ed 的规则进行泛化。这种过度概括是学习者的学习策略与目标语相互作用的结果（Richards，1974）[133]。第二，这种现象表明，学习者在学习某一特定规则时，并不一定受到其母语语法规则的影响，而是借助那些他已经习得、掌握的目标语规则，因而构建了带有目标语特征的中介语规则。

塞林格的"规则组合"模式较早地采用了认知观点对二语学习模型进行理论探究，其重要意义有两点：一是，该模式把二语学习视作一种心理过程，并提供了一个理论框架来解释这种心理过程。其次，从认知心理学的角度来看，塞林格提出的中介语概念实际上是语言知识的一种表征。这一概念的提出为后来认知理论进一步探讨这一表征的性质，及这种表征在第二言语学习中的作用打下了理论基础。

科德（Corder，1975）提出的"假设—检验"模式认为，学习者根据其接收到的语言输入对目标语的规则进行假设，从而建立一套"虚构"的语法，然后在语言输入和输出过程中不断检验该语法体系。如果学习者对目标语规则理解正确，并且在交际过程中，他的语言输出没有被纠正、被误解，学习者就会确认和强化这一假设；相反，如果他的理解有误，而且错误的语言输出导致了交际失败，学习者就会推翻这个假设。此时学习动机充分的学习者会重新建构新的假设。比如，当学习者第一次学习动词过去式这一规则，他会假设动词过去式的规则是原形动词后加曲折词缀"-ed"。当学习者运用该规则时，不仅会生成"booked"这种正确的形式，也会生成譬如"*goed"这种错误的形式。随着新的语言输入，学习者不断地接触到"went"这种正确形式，此时学习者系统会将新旧两种形式（"*goed""went"）进行比较，当学习者发现"*goed"这种形式与新输入的形式不一致时，便会生成一个例外的规则剔除系统中的"*goed"选项。从这个例子可知，科德提出的"假设—检验"模式的前提是学习者系统内部有一个"系统生成器"，负责处理学习者接触到的目标语输入，从而建立起中介语的"过渡系统"，该系统包括一系列"假设"的规则。二语学习过程中，当学习者接触到新的语言输入，"系统生成器"便将新的语言输入和原有的规则进行比较,当两者不一致时,学习者便会对系统中原有的假设进行检验、修正(抛弃)。这一过程也是学习者完善中介语系统的过程。科德提出的"假设—检验"模式清晰地解释了学习者是如何构建中介语过渡系统的。

阿捷缅(Adjemian,1976)的"渗透"模式认为"中介语系统具有可塑性",中介语是学习者的第一语言和第二语言相互渗透产生的。渗透并非单向,而是双向的。学习者的母语可对中介语进行渗透,同样地,学习者对目标语规则的歪曲、过度概括或者简化也会形成对中介语的渗透。

塔隆(Tarone,1983)的"能力连续体"(capability continuum)模式从语言变量的角度分析中介语的产生过程。语言变量包括语言形式的准确度、语言的得体性、语言的流利度。学习者在不同的交际场合对语言形式的注意程度并不相同,使用的语体风格也就不同。塔隆将能力连续体的两端分别命名为"正式语体"(careful style)和"白话语体"(vernacular style)。前者强调语言的准确性和得体性,在某些交际场合,语言使用者将大量精力放在语言形式上;后者指语言使用者对不过多担心语言是否正确或是否得体,比如在交际中自然地使用语言。语言能力连续体贯穿第二语言学习的始终,大部分学习者能够在连续体的不同节点上使用所学的目标语规则。塔隆认为,当学习者关注语言形式,他的言语产出就会比较接近目标语的标准,目标语规则的运用较为准确和得体,比如在正式写作中。相反地,如果学习者不注意语言形式,他的语言输出就会偏离目标语的标准,目标语规则的使用就会发生错误。在不同的注意力条件下,学习者的语体风格会发生相应的变化。

怀特(White,1983)的"参数设置"模式以乔姆斯基(Chomsky)普遍语法中关于母语习得的假说为基础,把中介语的形成过程看作重设各种参数的过程。以乔姆斯基为代表的生成学派认为,普遍语法由一些原则和参数构成,原则普遍,参数不同。母语与目标语的差异,各语言之间的差异皆是因为参数不同。学习者习得母语时,来自母语的输入会引发所学母语的一系列参数设置。在习得第二语言时,这些母语参数设置经过"参数重设"(parameter resetting)被重新运用到第二语言学习中。中介语的产生过程其实就是第二语言参数重设的过程。这便是怀特"参数设置"模式的核心思想。怀特也认为语言迁移是中介语产生的根本原因,但他对语言迁移的解释与对比分析理论有所不同。他认为,如果两种语言的参数设置相同,正迁移就会产生,否则,负迁移就会显现。此时,学习者需重设参数。中介语规则之所以既不同于母语也不同于目标语也是各种参数相互作用的结果。

国内学者张望发、柳英绿(2010)的"空间合成"模式和温伟力(2012)"空间整合"模式都认为母语、目标语构成两个输入空间,中介语构成合成空间。中介语是对母语和目标语合成的结果。阎长红(2018)的"补缺法"模式认为中介语是一语体系向二语体系调整过程中的产物。中介语的发展是学习者通过不断的补缺建构中介语系统的过程,补缺的本质就是中介语参数的变动。

除上述研究模式之外,埃利斯(Ellis)从社会语言学角度解释中介语的形成过程,提出了"可变能力模式"(variable competence model),舒曼(Schumann)从社会环境因素和学习者个人因素的视角提出了"文化适应模式"(acculturation model)。

第二章 中介语的石化

二语学习者语言水平达到一定阶段后，会较长时间处于停滞不前的状态，二语水平出现难以提高甚至是倒退的情况，这一现象被称作中介语的石化或僵化（fossilization）。中介语石化普遍存在于成人的二语习得过程中，导致学习者二语水平达不到母语者的理想水平，这也是二语习得和母语习得一个重大区别。石化现象导致中介语在某种程度上停止向目标语渐进，从而使学习者对目标语的掌握未达到母语者的熟练度，甚至有个别的中介语形式会永久保留在学习者的语言表达系统中，难以完全根除。

2.1 中介语石化现象的定义

塞林格（Selinker, 1972）认为，石化是二语学习者的中介语语法知识、语言次系统知识，以及语言项目趋于定型的一种学习状态，且这种状态不受学习者年龄和学习量的影响。从长期来看，如果学习者的中介语系统不再向下一阶段发展、提高，也可认定为是石化现象。塞林格的定义强调了：1）石化是中介语语言发展的停滞不前；2）石化的对象不受年龄限制，成人和儿童的中介语系统都有石化现象；3）石化出现在中介语的各个层面；4）石化的存在具有持久性和抵抗力；5）石化的外显表现形式具有多样性和反复性，例如语言回退、习惯性错误、否定性反馈无法纠正的错误，以及长期的自由变异，等等；6）研究者可借助实证研究挖掘具体的、持久的中介语特征。

埃利斯（Ellis, 1985a）[53] 认为在石化出现后，学习者已经实现了部分目标语知识的正确习得，因此中介语的石化结构不仅包括错误的目标语形式，也应包括正确的形式。不过，多数研究者的观点与此相左，均认为语言石化应特指学习者中介语系统与目标语有差异、有出入的错误形式。

Han（2004）[164]认为可以从认知和实证两个层面对石化进行界定。从认知层面看，石化的本质是一种认知的潜在机制，该机制会导致学习者中介语水平的永久巩固，这强调了石化是一个学习过程；从实证层面看，石化是经过一定时期的学习后，在学习者的语言表达中稳定下来的中介语错误形式，这强调了石化是一个语言学习和语言运用的结果。认知层面和实证层面这两方面的定义还存在因果关系：前者是因，后者是果。

语际石化是外语习得中不可避免的过程，在外语习得的任何阶段和任何语言水平上都可能发生。

综上所述，中介语石化在二语习得过程中不可避免，在任何语言层面上，如语音、词汇以及语法等，都有可能出现石化现象。

2.2 中介语石化的特征和分类

Han（2011）认为，中介语的石化具有选择性（selectivity）和差异性（difference）的特征。前者是指学习者中介语系统中某些语言结构与目标语一致，而某些结构则由于石化原因与目标语不一致。后者是指由于学习者之间的个体差异性，如认知水平、情感因素等，导致了在相同学习时间和学习环境下，出现学习者目标语水平的参差不齐的结果。此外，差异性特征还体现在同一学习者的中介语系统内部发展不平衡上，例如，石化并不是均等地在每个语言层面发生。

塞林格（Selinker，1972）根据石化主体不同，将石化分成两类：群体石化（group fossilization）和个体石化（individual fossilization）。前者是指当中介语的石化现象出现社会普遍性特点，导致区域性方言的产生，例如印度英语、非洲英语等。后者主要体现在语言能力石化（language competence fossilization）和错误再现（error reappearance）两方面。语言能力石化是指在语音、词汇、语法等语言层面的中介语石化。错误再现是指不受错误纠正和学习策略的影响，语言错误反复出现。

塞林格（Selinker，1972）根据石化程度的不同，还将石化分为永久性石化（permanent fossilization）和暂时性石化（temporary fossilization）。前者是指难以完全消除的中介语错误形式；后者是指随着学习深入和能力的提高而逐渐消失的中介语错误形式。塞林格（1972）认为二者之间存在转换的内在联系：暂时性石化如持续存在超过五年没有向目标语发展渐进，那么则变成永久性石化。

2.3 中介语石化现象产生的原因

中介语石化的原因复杂，是二语习得研究的难点之一。通过梳理，按照时间顺序，目前国外对中介语石化的原因研究经历两大阶段：二十世纪七十年代至九十年代；二十世纪九十年代至今。

二十世纪七十年代至九十年代，中介语的石化成因理论主要有以下五种："心理学解释"模式、"生物论解释"模式、"交互作用说"模式、"文化适应"模式、"语言输入理论"模式。以下对这五种模式做简要介绍。

1. "心理学解释"模式

塞林格（Selinker，1972）提出了导致石化现象的五种心理因素，为石化现象的后续研究提供了一个理论框架：1）语言迁移；2）训练迁移；3）交际策略；4）学习策略；5）目标语的过度概括。针对以上五种心理因素的解释，请参见第一章第三节——中介语的成因。

2. "生物论解释"模式

勒纳伯格（Lenneberg）和勒门德勒（Lamendella）分别于1967年和1977年提出儿童成长过程中的语言关键期、敏感期概念。勒纳伯格（1967）[321]认为，大脑功能的区域分工形成于语言习得关键期，语言功能最终被定位在左脑区域，关键期之后再学习语言就会有困难，也易于出现石化后果。勒门德勒（1977）认为，学习者在习得第二语言时需要发展二语的"子系统"，如果二语习得发生在敏感期之后，由于二语"子系统"的不完善，学习者不得不求助于母语"子系统"，中介语系统及其石化因而产生。可见，勒纳伯格和勒门德勒在解释中介语石化的成因时都强调了年龄因素的影响力，但不可否认的是，二者都忽视了其他因素，如学习者的心理因素、社会因素。

3. "交互作用说"模式

维吉尔（Vigil）和奥尔勒（Oller）（1976）强调了外部认知反馈对中介语石化的影响。学习者在交际过程中的语言错误如果没有得到及时的外部反馈、纠正，就有可能导致该类型的错误固化、无法修正。因此，应多鼓励学习者尝试新的语言表达，及时给予学习者正面情感反馈和负面认知反馈，例如，"我不理解你的意思"这类负面反馈比"我明白你的意思"等正面反馈更能帮助学习者最终找到正确表达方式，避免石化现象过早、过多出现。

4. "文化适应"模式

舒曼（Schumann，1978）[274]认为，石化的原因是来自于学习者的社会心理因素。一个学习者对目标语的习得水平往往取决于该学习者对目标语文化的接受程度。这种接受一方面体现在主观情感上对目标语的认可程度，另一方面体现在实际交际过程与目标语的接触频度。如果学习者能够与目标语母语者频繁地接触，无拘束地进行思想交流，那么二语学习的成功率将会很高。

5. "语言输入理论"模式

彼克顿（Bickerton，1975）[194-196]认为，石化的产生原因在于二语习得过程中的输入和输出不足。二语输出不足的原因之一是学习者的二语表达能力达不到交际要求。克拉申（Krashen，1985）[10]提出语言输入不足、输出障碍、情感障碍以及目标语变异形式的习得均与石化有关。只有输入水平略高于学习者的现有水平，即著名的"i+1"公式，及时将输入进行理解、吸收，才能提高语言输出能力，否则就会引起语言石化。成人在认知思维成熟后，情感因素就像过滤网，情感过滤器越强（例如学习动机不强、学习热情消退），学习者可获得语言的输入就越少。相反，较低的情感过滤（如学习态度积极、学习热情饱满）有利于更多目标语的语言输入，对目标语知识的理解更容易达到大脑的更深层次。

二十世纪九十年代至今是中介语石化现象研究的第二阶段。相比较于第一阶段的研究，该阶段注重个案研究、实证研究，弥补了前一阶段石化现象研究的不足。埃利斯（Ellis，1994）[226]指出，石化是学习者在习得过程中，内因、外因共同作用的结果。内因包括学习者年龄、学习动机、学习者对目标语社会文化的接受度等等；外因主要指学习机会、反馈信息等等。Han（2003）分析总结了石化研究的五种实证研究方法：纵向研究方法，典型错误的研究方法，针对高阶学习者的研究方法，纠正性反馈方法，以及针对居住时间长短的研究方法。

1. 纵向研究方法

纵向研究方法是指跟踪、记录研究对象的学习过程，找出学习者中介语的历时发展规律，旨在找出中介语中可能石化的，或已经石化的语言项目。拉迪埃（Lardiere，1998）的分析方法采用纵向研究方法，前后历时 8 年。发现尽管研究对象长期生活在目标语环境，但对英语过去时态的掌握没有发生提升。这说明在过去时态的习得层面上，该研究对象的中介语已发生石化。纵向研究的优势是研究对象相对固定，研究周期长，实证得到的结论强有力，但其缺点也较为明显：研究对象有限，研究结论不具备普遍性。

2. 典型错误的研究方法

这种方法的研究对象是具有相同母语背景的二语学习者。研究方法是分析学习者身上出现的典型的和共性的错误。研究假设是在如果在具有相同母语背景的二语学习者身上发现共性的中介语错误，那么该类错误应该是学习者最有可能石化的语言错误，如果这类错误在高阶学习者的中介语系统也存在，那意味着石化已发生。凯勒曼（Kellerman，1995）研究发现，以荷兰语为母语的英语学习者，存在共同的典型错误。典型错误的研究方法适用于研究具有共同母语背景的学习者的中介语系统，其不足在于只能研究特定群体的中介语特征，无法对个体差异做出合理解释。

3. 针对高阶学习者的研究方法

这种研究方法的基本思路是既然高阶学习者的中介语已非常接近目标语的水平，那么这类学习者身上存在的有限的中介语错误类型是最有可能发生石化的语言项目，因此对这些语言错误的分析有助于进一步揭示石化的本质。Hyltenstam 和 Abrahamsson（2003）研究发现，本族语者和高阶二语习得者在词汇数量、复杂性、以及多变性上没有显著的差异，但在错误频率和错误类型方面存在显著差异。高阶学习者的中介语研究对揭示二语习得的中介语发展规律有借鉴意义。这种研究方法不足在于把石化视作为学习结果，其研究结论只能反映中介语发展的最终状态，而不能解释石化的过程和原因。

4. 纠正性反馈方法

在确认学习者的学习过程已发生石化现象之前，研究人员需要确定以下两个问题：证明学习者的某一个语言项目已停止向目标语发展；确定这种发展的停止是发生在学习的内、外因素都有利的前提下。如何确认学习者的中介语已停止发展？常用的做法是记录、观察学习者对纠正性反馈的反应。如果纠正性反馈无法消除学习者的语言错误，那么说明学习者的中介语已经停止发展，即中介语的石化现象已不可避免。凯勒曼（Kellerman，1995）采用教学手段对学习者的中介语错误进行纠正，并最终发现，错误纠正的效果不大，同类型的错误仍在后续的语言输出中反复出现，由此推定学习者的中介语已发生石化。

5. 针对居住时间长短的研究方法

一般认为，学习者在目标语环境中居住时间越长，接收到的目标语输入就越多。目前公认的时间标准是五年，即学习者在目标语社区居住五年以上时间，那么就默认该学习者获得了充分的目标语学习资源，其中介语发展也达到了最终阶段。沃什伯恩（Washburn，1991）的博士论文以该方法为依据，将实验对象分为石化组和未石化组，并记录、对比两组研究对象的语言行为特点。该方法的理论假设是二语习得过程石化不可避免，且实验对象存在中介语石化。但是该方法的不足也显而易见：学习者在目标环境的居住时间并不能完全等同于二语输入的数量和时长；该研究方法只能适用于二语环境下的石化现象，不适用于外语学习环境（例如，中国 EFL 学习者）的石化现象。

2.4 中介语石化的应对策略

与其他技能学习一样，语言学习过程也会出现所谓的"高原期反应"（plateau），即学习者无法提高其语言能力，学习发生停滞不前，在能力变化曲线上呈现出平缓甚至下降的态势，塞林格（Selinker，1972）

将其定义为语言学习的"稳定期"。如果一名学习者的稳定期持续达五年以上,则中介语石化发生,此后学习者的能力曲线也不再有上升趋势。但是有一个例外的情况:如果学习者前往目标语国家生活一段时间,再次获得最优化语言输入,那么学习者的中介语能力通常还存在第二次高速发展的机会。具体的石化过程请见图 2-1 所示。

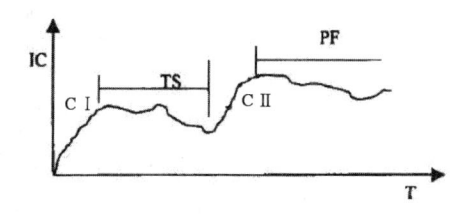

图 2-1 中介语的石化过程

注:T=Time(时间);IC=Interlanguage Competence(语际能力);
CI=Climax One(第一高峰期);CⅡ=Climax Two(第二高峰期);
TS=Temporary Stabilization(暂时性石化);PF=Permanent Fossilization(永久性石化)

如何应对中介语石化?Han(2004:286)认为学习者需要满足以下三个条件:充足的学习动力、大量的目标语输入以及充分的交际机会。李炯英(2003)认为可从以下四个方面避免中介语石化:1)重视目标语输入的质和量;2)减少母语负迁移;3)增强学习动机;4)提高中介语话语的监控意识。

结合中国的 EFL 实际情况,国内英语学习者的中介语发展模式也可以大致分为孵化期和高原期。孵化期覆盖学习者的学前教育阶段到高中阶段,此阶段侧重目标语知识的学习,如语音、语法、词汇等知识;高原期覆盖进入大学阶段以后的目标语学习,此阶段学习者的中介语发展趋于稳定,但如果能获得最优化语言输入,或者接受外语集中培训,学习者的中介语会出现明显的提高,英语能力得到第二次的飞跃发展。

因此,学习者应意识到目标语和母语的差异,并在学习过程中有意识地进行区分。当目标语的学习进入高原期后,要有意识地通过各种途径扩大目标语的接触,增加目标语的最优输入。例如,在信息化的时代,学习者应善于利用丰富的网络资源提高目标语输入。另一方面,学习者也应认识到仅依靠静态的学习是远远不够的，同本族语者的直接接触，运用语用进行交际也是十分有必要。

二语教师也应深刻理解中介语石化的原因和过程，采取必要的策略应对学生可能出现的石化现象，帮助学生改善语言运用情况，提高学生的语言能力。第一，教师要密切关注学习者的发展进度，并实时调整教学策略。比如在学习的早期阶段，学习者很容易受到来自母语的语音影响。教师须及时提供反馈，帮助学习者减少母语的负迁移。当学习者进入高原期后，教师应调整教学反馈方法，以调动学生的学习兴趣为目标，培养学生的跨文化交际意识。第二，教师要根据学习阶段的不同，适时调整语言输入的质量、数量以及难度，以防止学生反复待在语言使用的舒适区止步不前。在设计教学任务时，教师应充分考虑任务的难易度和趣味性，通过提高目标语言的输入质量，增加输入内容的数量，增大输入的理解难度，达到兼顾学习动机和保持中介语发展的目的。第三，在教学过程中，教学方法的使用也要合理。例如，教师不应过于鼓励学生运用交际策略。在培养学生的交际策略使用时，教师不能只片面强调输出的流利性，而忽视了准确性。教师应正确使用认知反馈和情感反馈。正面情感反馈和负面认知反馈有利于促进学习者尝试新的语言表达，摸索正确表达输出，实现减少石化的目的。因此教师要采用适当的反馈策略，指出错误的同时又能很好地引导学习者积极改正、提升语言输出质量。第四，教师也应自省，正视自身也存在的中介语石化现象，坚持终身学习。中国 EFL 学习者的英语教师本质上也是英语的二语习得者，课堂教学使用的英语输出只不过是高阶水平的中介语形式。如果教师不对自己的语言输出进行规范，使之更接近于目标语，对学习者的负面影响将是巨大的。

最后，各级教育主管部门应重视教材的规划问题。教材内容要定期审核、更新，及时剔除过时的学习内容。作为社会文化的载体，语言一直随着文化的演变处于不断的发展变化中，陈旧的教材内容显然无法确保语言学习者获得最真实的语料，影响学习者最优化的目标语输入质量。

第三章 中介语的变异性

变异性（variablity）理论在中介语研究的诸多发展模式中可谓独树一帜，作为中介语的一个基本属性，对其研究在二语习得领域亦有重要的影响。

3.1 变异性的本质和分类

变异性理论认为，学习者的语言能力是可变的，学习者的语言规则系统不是同质的（homogeneous），而是异质的（heterogeneous）。中介语言发展的各个不同阶段不是彼此分离，而是互相重叠的。在中介语发展的每个阶段都对应有不同的语言规则。这些语言规则的存在导致学习者语言运用的变化。中介语系统的可变性表现在不同的语言层次，如语法层面的语法规则、音位层面的语音组合规则、语义层面的语义组合规则等等。从本质上讲，中介语是一个动态的、不稳定的、不断发展变化着的语言系统。

二十世纪八十年代以来，对中介语变异性的研究一直在发展。国内研究方面，刘绍龙（1998）用定性的方法研究中国 EFL 学习者的 be 动词的动态发展范式；戴曼纯（1999）评述了中介语的动态范式理论，分析了不同流派之间的理论分歧；张妍岩（2010）认为 be 动词省略现象反映了英语学习者的二语习得顺序：先习得"体"的知识，而后习得"时"的知识。国外研究方面，贾尔斯（Giles，1980）、塔隆（Tarone，1983，1990）和埃利斯（Ellis，1985a，1985b，1994）三位学者分别提出"言语调节理论"（speech accommodation theory）、"能力连续体范式"（capability continuum paradigm）和"可变能力模式"（variable competence model）理论。其中，贾尔斯采用的是社会语言学的视角，塔隆和埃利斯则充分吸收了社会语言学理论的结论，从认知的角度解释中介语的可变性。

拉波夫（Labov，1969）采用社会心理学模型研究中介语的变异性，并认为导致语言学习者中介语文体发生变化的原因是学习者"对语言形式的关注度"。贾尔斯（1980）针对拉波夫模式忽视谈话对象在交流中的作用，提出"言语调节理论"用于解释言语趋同和言语趋异的现象。语言趋同是指交际过程中某一方改变原有的语言习惯，目的是与交际对象达到近似的语言风格。基于说话人在交际中的语言调节性质的不同，贾尔斯（1980）认为交际中存在三种类型的语言调节现象：求同、求异和言语维持。求同言语行为是指为了与交流对象的语言风格保持一致，说话者调整自己的语言；反之，则是求异言语行为。如果说话者不对言语做任何调整，即为言语维持行为。无论是求同还是求异行为，在方向的调整上是可上或可下。向上求同行为是指说话者调整自己的言语行为，使之与社会地位高于自己的交际对象保持一致。相反则是向下求同行为，其主要目的是团结交际对象。向下求异行为是指说话者在整个话语中强调其语言输出的非标准化特征；向上求异通常表现为说话人有意识地强调其话语的规范性特征。言语调节理论目的是探究不同环境下说话者语言风格改变的原因和后果。举个例子，在中世纪的英国，人们普遍认为掌握皇家英语是身份和地位的象征。因此，许多非英格兰地区的人纷纷模仿"伦敦腔"英语，这就是向上求同言语行为，反映了说话者渴望被上层阶级接受的心理意图。再比如，在汉语方言地区，大多数人倾向于使用方言进行交流。当一个外乡人移居该地区时，为了更好地融入当地的社交圈子，他会开始有意地摒弃标准普通话，转而模仿本地人的说话腔调，这就是向下求同的言语现象。从本质上看，向上求同和向下求同没有本质的区别，都是说话者不希望被排斥于团体之外。无论是哪种言语调节行为，都体现出了说话者社会心理的变换和中介语系统的变异性。

塔隆（1983）继承拉波夫语体变换（style shifting）的概念，并指出二语学习者也拥有一套语体连续体（continuum），一边是"正式体"（careful style），另一边是"白话体"（vernacular style）。二语学习者的语体变换是因为说话者对话语的注意程度有差异。塔隆（1983）"能力连续体"（capability continuum）模型强调了语境对语言选择的影响，如图3-1所示：图示左端的白话体是最自然的文体。在白话体下，学习者对自己的言语关注度较低，话语产出较为随意。图示右端是正式体，这种文体常见于语法检查、改错练习。当学习者对自己的言语格外注意时，正式体则被加以运用。可见，文体连续体取决于学习者在执行言语任务时对语言的关注度。

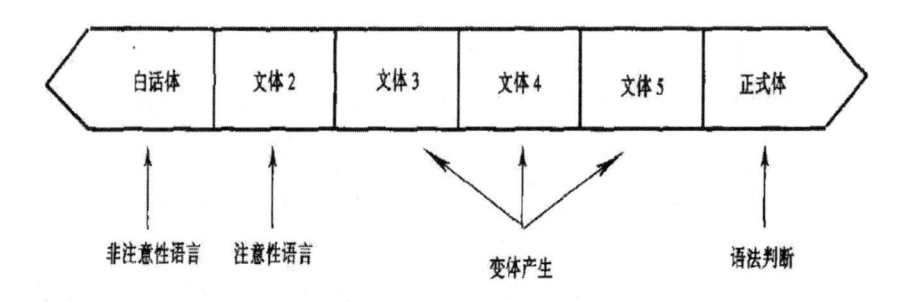

| 白话体 | 文体2 | 文体3 | 文体4 | 文体5 | 正式体 |

非注意性语言　注意性语言　　　变体产生　　　语法判断

图3-1 中介语文体连续体（Tarone，1983）

塔隆（1983）认为，学习者的中介语能力具有异质的属性，中介语系统由一系列的语体构成，研究人员可以研究至少三种中介语的变化现象：1）在交流过程中，没有一个说话者总是一直使用一种语体，每个参与者都会根据情景和话题改变语言使用；2）说话人的语体可根据他对语言的注意力排列成一个连续体；3）在文体连续体中，白话体（如日常对话）最不需要注意，其语音和语法最有规律和系统，而正式体（如语法性判断）对注意要求是最高的，它的语体是多样的。概括起来，塔隆中介语观点包括四个方面：1）语言学习者的语言能力是具有变异的；2）这种能力是使用中介语的基础；3）中介语的研究是基于学习者产出的语料数据，每种数据都能在能力连续体中的找到对应的语体；4）说话人在交流过程中对语言的关注度不同会导致语体的变化，语体变化反过来导致中介语的变异。

埃利斯是另一位研究中介语变异的杰出学者。埃利斯（1985a）[125]认为，二语习得过程本质上是连续体再创造（recreation continuum）的过程。语言习得的各个发展阶段是呈现交叉重叠（overlapped）的状态。再创造连续体在各个发展阶段都存在语言变异，研究这些变异对了解语言学习者的学习过程很有帮助。根据"可变能力模式"（variable competence model）框架，埃利斯提出中介语变异性研究理论，认为学习者的二语知识可分为分析的和非分析的、自动的和非自动的，并构成二语知识连续体。母语者的语言知识通常是非分析的、自动的；二语学习者的语言知识通常是分析的、非自动的。语言的差异变化源自学习者对话语计划的程度不同。例如，正式讲演属于计划性话语，日常交谈属于非计划性话语。概括起来，埃利斯中介语观点有四点：1）语言学习者的大脑中存储着中介语规则，这些规则具有可变性，其可变程度取决于规则的可分析、自动化程度；2）学习者具备语言运用的能力；3）第二语言的运用有变异性特征；4）学习者的中介语系统是不断发展变化的，各个阶段之间不是清晰分离，而是交叉重叠，发展主要通过两种方式进行：1）参与各种话语活动，习得新的二语规则；2）激活原先存储在大脑的二语规则，使之运用于话语活动。

埃利斯（1985b）对语言变异（variability）的分类如图3-2所示。

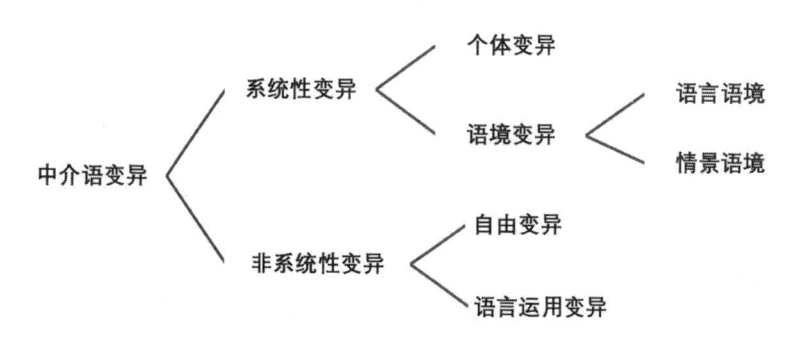

```
                        ┌── 个体变异
          ┌── 系统性变异 ┤              ┌── 语言语境
          │             └── 语境变异 ──┤
中介语变异 ┤                            └── 情景语境
          │              ┌── 自由变异
          └── 非系统性变异┤
                         └── 语言运用变异
```

图3-2 中介语变异分类图（Ellis, 1985b）

埃利斯认为中介语的变异形式可以分为两种：系统性变异和非系统性变异。系统变异（systematic variability）是发生两种或两种以上形式的中介语变异，并可根据环境、文化等因素预测其运用情况，可进一步细分为个体变异和语境变异。个体变异（individual variability）是指在语言习得过程中，中介语的变异受到个人因素的影响而呈现规律性的变化，例如有异于其他学习者的中介语变体、习得顺序；语境变异（contextual variability）是指由于在不同任务和环境导致的中介语变异现象，语境可分为语言语境（linguistic context）和情景语境（situational context）。语言语境导致的中介语变异是指由于语言环境的改变引发的语言形式变异，主要体现在语言的音系、句法、形态等层面。例如，"① Mrs. Wang lives in Guangzhou. ② *Mrs. Wang who live in Guangzhou married Mr. Zhang."这两个句子说明了学习者在简单句中注意了第三人称谓语动词单数加后缀"s"这一规则，但在复合句的语言环境下就忽略了该规则。情景语境、导致的中介语变异是指由于言语情境的改变引发的语言形式变异，以塔隆（1983）提出的中介语语体连续体最具代表性，学习者在不同的情景语境，由于对语言形式的注意度不同而形成了不同的语体风格，每一种语体风格对应不同的语言形式，学习者的语体变换反映了中介语的变异性特点。语言任务、形式功能与环境三者之间的相互关系可概括为：语言任务营造出特定的语言使用环境，这反过来影响学习者选择实现特定功能的语言形式，该语言形式的选择和实施又会受到不同环境的影响和限制。

非系统性变异（non-systematic variability）可分为语言运用变异和自由变异。语言运用变异（performance variability）通常表现为口误（slips）和错误开头（false starts）等情况，主要是由于情感或心理因素的影响导致学习者不能充分发挥真实水平，因此这种变异反映的是学习者语言运用能力（performance）的情况。自由变异（free variability）是指在语言输出过程还存在着一些额外的语言形式变化，具体到某个场合应该使用哪条规则是完全随意的。自由变异常发生在学习者掌握目标语新规则的初始阶段，由于学习者在初学阶段还尚未建立起语言形式和意义之间对应关系，学习者通常会将某一规则的新形式与已有的形式进行交互使用，从而产生自由变异。自由变异的经典例子是埃利斯（1985b）在考察一个葡萄牙男孩在学习英语的否定句时发现的，请看例子："① No look my Card. ② Don't look my Card."该学习者在同一堂课，对另外一名学习同伴说出上述两个非常近似的否定句子。学习者把这两种表达方式作为可以互相替换的否定规则用于交际，埃利斯将其称为学习者语言的自由变异现象。埃利斯（1999）从心理语言学角度重新界定了自由变异，当学习者可以任意地运用同一语言变量的两个或两个以上的变体进行表达同一个交际功能，且同时具备以下五种情形：1) 语言语境相同；2) 言外之意一致；3) 情景语境相同；4) 话语语境相同；5) 计划条件相同。那么，由此产生的语言变化即可称之为自由变异。

埃利斯与塔隆都认为中介语是可变异的，两位学者分别提出语言习得模型用于解释中介语的变异。需注意的是，可变论者的这些观点也招致唯理主义者的质疑。格雷格（Gregg, 1990）就是其中的代表性人物，他认为埃利斯和塔隆的语言变异性模式抛弃了以乔姆斯基（Chomsky）为代表的生成学派有关语言能力（competence）和语言运用（performance）的区分，把语言输出变化的根源归因于语言能力的变化。生成学派的核心观点是学习者的语言能力与语言运用无关，语言能力应该是同质的。格雷格认为，由于埃利斯和塔隆的变异性观点模糊了对语言能力和语言运用的划分，因而无法解释二语学习者的语言能力。语言输出仅仅反映了语言运用而不是语言能力，因此从变异性的角度推论语言能力具有可变性是不合乎逻辑的。

格雷格等生成学派的质疑引发了可变论与唯理论的论战。这是因为双方阵营在理论基础、理论方法和理论目标等方面的观点相去甚远。首先，在理论基础方面，唯理派身后站的是以乔姆斯基（Chomsky）为代表的生成语言学派，可变派身后站的是以韩礼德（Halliday）为代表的功能学派。生成学派主张脱离语言交际，运用抽象的语言形式解释语言，功能学派则认为语言的形式属性反映并来源于语言的交际。两派旗帜鲜明，在多个理论领域针锋相对，对有无语言能力与语言运用之分、语言规则有无变化存在根本分歧。其次，在研究方法方面，唯理论者坚持"先理论后研究"的方法，依靠直觉评估研究对象的语料数据，形成一套理论假说，并以其作为研究的起点，该方法强调语言知识与生俱来。可变论者遵循"先研究后理论"方法，首先从语料收集入手，建立语料数据库并加以描述，然后测试中介语有关的形式和功能关系，该方法强调的是通过观察和实验获得一手的信息和数据。最后，在理论目标方面，唯理论者关心的是语言学的基本理论的结果而不是过程，其研究目的是解决学习者怎样习得二语的语言能力。可变论者认为语言习得研究与语言教学有紧密的关联性,并试图解释学习者如何通过参与课堂活动来发展二语能力,以及课堂教学如何促进或阻碍这一发展过程。由于二语习得研究有助于语言理论的发展,因此可变论者认为功能学派的语言观对语言教学的意义重大。

客观地分析,唯理论者希望用理论来解释语言习得的过程,但他们借用的理论是旨在研究普遍语法的,在科学研究中以假设为基础做出新的假设,有可能犯循环论证的错误。变异论者希望根据语言运用的变化来推断二语系统的变化,从而解释第二语言的习得过程。然而这种方法只是对二语的运用进行了描述,并没有触及习得的心理过程。由于学者们采取不同的研究立场,有关中介语语言能力的定义问题将会被继续争论:语言能力到底是知识还是应用,是天赋的还是习得?但可以确定的是,研究学习者的语言能力,必须对其语言结构和发展过程进行全面、综合的调查。

3.2 变异性与系统性的关系

在第一章讲述中介语的特征(见前文第1.2节)时,本书提到系统性是中介语的首要特点,因为中介语和任何自然语言一样,在发展的每个阶段都有很强的系统性和内在一致性。中介语有一套独特的语音、语法和词汇规则,在此基础上,学习者运用中介语从事各种交际活动。那么,如何理解学习者中介语的系统性和变异性的关系,也成了第二语言习得研究的一个重要话题。

首先,从表面上看,自由变异的基本特征是缺乏系统的变化,这看似与中介语作为一套独立的知识系统有矛盾。自由变异是第二语言习得发展的一个重要因素,通常发生在学习的早期阶段,由于对语言项目的形式和功能之间的对应关系还不够确定,学习者往往以多种不同的形式表达相同的含义和功能,这直接导致了自由变异的发生。自由变异会导致学习者语言系统的不稳定,并与语言使用的"经济原则"相违背。

其次,从深层次上看,中介语的变异性和系统性是紧密联系的,存在转化和发展的辩证关系。随着二语学习的不断深入和目标语形式与功能之间的对应关系的不断确定，学习者的中介语系统日趋完善，自由变异现象逐渐消失。自由变异的语言项目如何发展成具有系统性的变化？埃利斯（1999）指出两种情况。一方面，社会语言的规约性推动学习者系统性地使用已习得的语言形式；另一方面，新的语言形式代表了新的语言环境，能够触发原先自由的词汇网络重组为一个新系统。如果这两种情况都未发生，那么自由变异将失去转化为系统变异的前提，即自由变异现象将持续很长一段时间，并最终导致中介语的石化。

为了进一步解释变异性和系统性关系，埃利斯（1999）区分了两个学习概念：基于项目的学习和基于系统的学习。前者涉及单独存储的语言项目的累积学习，也最终导致自由变异的学习结果，其意义在于帮助学习者全力构建语言资源，不需要关注语言项目是如何组构形成系统。与基于项目的学习不同，基于系统的学习要求学习者必须开发一套抽象的规则系统管理整个语言项目，并在不同规则和不同语言项目之间建立关系。然而，中介语并不总是一个完整的系统：在每个发展阶段，学习者的中介语是一部分形成系统，一部分仍处于自由变异状态。因此，无论是基于项目的学习还是基于系统的学习，自由变异都对中介语的发展起着巨大的作用。

3.3 影响变异的因素

掌握好一门外语是一项复杂且相对漫长的学习任务，在课堂上已经掌握的语言规则未必能在自然环境中被正确应用，因为课内环境和课外自然场所对语言练习或语言使用的要求不一样。在课内环境下，学习者更加关注语言规则，语言产生更接近目标语言的标准。在课外自然环境下，学习者对交际功能的关注会增加，语言规则的约束力相对减少，母语干扰会增加，从而产生大量的中介语。因此，在这种情况下，学习者的错误是不可避免的。

实证研究表明，中介语的变异是多种因素共同作用导致的。语言学家们针对中介语的变异提出了多种理论进行解释。阿捷缅（1976）认为，中介语的变异证实了语言标记性（markedness）的普通原理：语言使用者倾向于选择使用弱标记性（weak-marked）的语言形式，因此变异产生的原因是由于核心语法中的某些参数可以进行不同设定或者根本不予设定。埃利斯（1999）认为，在学习和运用语言形式时，学习者受好奇心的驱使，会倾向于追求多样性和可变性，愿意尝试用多样化的语言手段来完成特定的交际功能。

　　笔者认为，影响中介语变异的因素复杂多变，变异是多种元素综合作用的结果。首先，目标语的语言系统是中介语无限接近的主体，它在学习者的学习过程中反复出现，学习者在学习过程中需要不断调整中介语使之与目标语的系统保持一致，这使得学习者的中介语变化相当迅速，这种语言环境也使得学习者很难在短期内稳定地建立中介语系统。其次，与儿童习得母语相比，成年人在心理、认知方面受到的限制较小。成年人在二语习得的早期阶段，可借助逻辑思维能力和记忆能力不断扩展对目标语知识系统的认识。由于成年人自身的分析和反思能力比儿童强，这一综合认识过程发展也极其迅速，从而使学习者的中介语也处于不断迅速的变化之中。影响中介语变异的第三个因素还包括语言学习者对第二语言学习的关注程度。语言学习者越重视学习和使用中介语，他们的中介语系统在发音、词汇和语法等方面就越接近目标语系统。此外，不同的母语背景、学习动机、学习焦虑、学习风格、语言环境、教师风格和社会心理因素都有可能影响学习者的中介语变异，例如学习者在何时、何地、在何种情况下对谁说、该怎么说，都会带来不同程度的中介语变异结果。正是由于这些因素的综合作用，第二语言学习者的中介语系统在不同阶段发生各种各样的变异。

第四章　中国EFL学习者的中介语错误

外语学习是一个极其复杂的过程，学习者在此过程中总是要犯这样或那样的错误。对这些错误的分析在二语习得研究中占重要的一席。中介语理论正是在错误分析的基础上建立起来的二语习得理论。正如科德（Corder，1967）所言，对错误的分析主要有三个方面的意义：便于语言教师了解学习者所处的学习阶段；为研究者提供研究依据，利于研究学习者所采用的学习策略或步骤；帮助学习者检验学习假设，了解目标语的本质和规则。由此可见，对中介语的错误进行分析，不仅具有理论意义，也具有现实意义。

如前所述，自二十世纪五十年代以来，学界对二语习得者的语言错误研究大致经历了三个阶段。五十年代至六十年代的对比分析（contrastive analysis）重点分析母语和目标语的区别，认为母语和目标语的差异是大部分错误产生的根源。七十年代兴起的错误分析（error analysis）主要研究学习者的中介语和目标语的差异，将犯错误看作是外语学习的必然过程，揭示了第二语言或外语学习的一般规律。八十年代末出现的迁移分析（transfer analysis）着重探讨实际发生的母语迁移和中介语之间的差异，分析与母语迁移有关的错误。这三种范式是不同阶段研究错误的主流方法，都对二语习得研究产生了深远影响。本章将结合以上理论从中介语错误的定义，错误的原因与分类，中国EFL学习者中介语错误分析，错误纠正策略等方面展开论述。

4.1　中介语错误的定义

在二语习得研究领域，国外学者一般用"error"一词来指语言学习者所犯的错误，有的国内学者将"error"翻译成错误，有的翻译成误差。

为了便于统一，本书采用第一种中文译文。国内外学者对错误（error）的定义众说纷纭。有代表性的见解主要有以下几个：

科德（Corder，1967）区分了"mistake"和"error"的区别，他认为，失误是非系统性的，无规律可言，是学习者偶尔出现的口误或笔误，学习者可自行纠正，并不能反映学习者的内在语言知识，对于语言学习过程来说不具备意义。而错误是学习者所犯的系统性错误，有规律可循，学习者无法识别其存在，因而无法自行更正，可以从中构建其已有的语言知识，也就是过渡语言能力。其他一些语言学家也持有类似观点。如，詹姆斯（James，1998）[83]，以及布朗（Brown，2000）[217]都认为，失误指口误或随意一说所造成的语言误差，而错误则指语法规则上的不正确，失误是能够自我更正的，错误不能。

乔治（George，1972）认为，错误是学习者的输出中包括了与输入部分不相符/不需要（an unwanted form）的形式。杜莱（Dulay，1982）[138]等人指出，错误是学习者有缺陷的语言或书面语表达，偏离了目标语的语言规范。理查兹（Richards，1985）[95]等人对错误的定义是：（在二语习得者或外语学习者的口语和书面语表达中）一个语言项目（如词汇、语法、言语行为）的运用方式被该语言的流利运用者或本族语者认为有差错或没有完全掌握。列侬（Lennon，1991）[182]认为，错误是指那些在相同的语境中或相似的语言运用条件下，本族语者最不可能使用的语言形式或组合。Friedenberg（1991）[155]明确了错误是学习者与普通成年本族语者的发音、句法结构或词汇形式不一致的地方。埃利斯（1999）[52]指出，错误是对目标语言规范的偏离。詹姆斯（2001）[66]认为"不成功的语言单位"即是错误。布朗（2000）[217]则认为：语言使用者的表达错误（performance error）是语言学习者没能正确运用已有的成熟语言系统规则的结果；而错误则反映了学习者的能力（learner's competence），是学习者语言体系的一个组成部分。

这其中的一些定义本身存在值得商榷的地方。例如，理查兹（1985）在其定义中强调了本族语者的判断。尽管本族语者凭直觉可以大概判断语言运用中的错误，但是判断的可靠性存在问题。Hughes和Lascaratous（1982）做过一个有趣的实验，他们请30位评委来评判句子正误，其中有 32 个错误的句子和 4 个正确的句子，评委包括 10 位希腊英语教师、10 位本族语者英语教师和 10 位普通英语本族语者。结果，一个正确的句子"Neither of us feels quite happy."被 2 位希腊教师、3 位本族语教师和 5 位本族语者判定为错误；另一个正确的句子"The boy went off in a faint."也被 2 位希腊教师、9 位本族语教师和本族语者判为错误（Lennon，1991）。实验结果表明，本族语者或某一语言的流利运用者的评价标准也具有模糊性。而列侬（1991）[182]对错误的定义也存在问题。原因在于该定义也并未将本族语者的个体差异考虑在内，而"最不可能运用"的说法又过于主观。

尽管关于二语习得者的中介语错误没有统一的定义，我们仍旧可以从这些定义中找到一些共性，以此来作为错误分析的研究对象。中介语错误是指二语习得者在学习过程中呈现出的那些不正确的目标语语言形式或组合。

4.2 中介语错误的原因与分类

与错误的定义问题相似，国内外的学者也未能对造成错误的原因和错误的类型达成统一的认识。一方面，要确定中介语的错误原因是很困难的，这是因为：首先，学习者的学习过程错综复杂。其目标语言系统很难被直接观察和分析，只能通过学习者的实际语言输出进行推理和假设。其次，学习者的中介语在不同的学习阶段会呈现出不同的状态。其目标语言系统总是处在不断变化的状态，随着新语言知识的输入，学习者不断将新的目标语知识内化，并不断地修正先前建立的对目标语规则的各种假设。而且学习者之间存在个体差异。他们的中介语错误性质、产生错误的原因、纠正错误的策略与成效都不一样。最后，中介语的错误纷繁复杂，涉及语言、心理、认知、情感、交际、教学法等众多的因素。这些因素在中介语的不同阶段、对不同的学习者、在不同的语言环境中所起的作用也不一样。要从中总结出具有规律性和普遍意义的错误，也是非常困难的。另一方面，错误的分类与错误的产生原因密切相关。不少语言学家正是按照错误产生的原因对中介语错误进行分类。因此，在这一节，我们将从错误分类的角度探讨中介语错误产生的原因。

4.2.1 "语言错误"与"语用错误"

"错误分析理论"中需要首先区分的是"语言错误"和"语用错误"。科德（Corder，1971）将错误划分为"语言能力错误"（error of competence）和"语言使用错误"（error of performance）两大类，从而建立起错误分析的基本理论框架。

埃利斯（1995）[55-56]也将错误区分为"知识能力错误"和"语用能力错误"。"知识能力错误"又可分为"迁移错误"（transfer error）、"语内错误"（intralingual error）和"特殊错误"（unique error）。"迁移错误"与语际错误相似；"语内错误"主要指由过度概括和过渡性语言能力所造成的错误；"特殊错误"是指那些既非发展性，又非干扰性的错误，一般由教学造成，又称"诱导性错误"（induced error）。"语用能力错误"主要指由问题处理和交际策略引发的错误。

4.2.2 "语内错误"与"语际错误"

"错误分析理论"中需要了解的第二对术语是"语内错误"和"语际错误"。科德（1971）将"语言能力错误"再细分成"语内错误"（intralingual error）和"语际错误"（interlingual error）两类。"语内错误"反映了语言习得规则的一般特征，主要指学习者在学习目标语规则时所产生的错误；"语际错误"源于母语迁移对中介语的干扰和影响，也有语言学家用"迁移错误"（transfer errors）对此进行解释。如塞林格（Selinker，1972）就认为"结构迁移"（structural transfer）是产生"语际错误"的主要原因。

理查兹（Richards，1971）在科德（1971）提出的"语际错误"和"语内错误"二分法的基础上，又提出了"发展性错误"（developmental error），即学习者在有限的目标语语言知识条件下对目标语所建立的各种规则假设。理查兹（Richards）将语内错误进一步分类为：过度概括（overgeneralization）；忽视规则限制（ignorance of rule restrictions）；

运用规则不完整（incomplete application of rules）和错误的概念假设（false concepts hypothesized）。"过度概括"是指学习者将目标语的某项规则扩展到其他语言运用，以偏概全。例如，将动词一般过去式的规则变化运用到其他不规则变化的动词上。"忽视规则限制"指的是学习者没有遵循现有语言结构的限制，换言之，该错误是由于学习者不知道或是忽略了某些规则的限制条件而在具体的语境应用中产生的错误。例如，系动词和实义动词连用的错误。"运用规则不完整"主要指语言规则的缺损，即学习者掌握了部分的语言规则，但未知全貌。例如，学习者会使用现在分词在句子中充当结果状语的句法结构，但是并不了解分词作结果状语时只能表示一种必然的、自然而然的结果。"错误的概念假设"表明学习者对目标语有不正确的理解或片面的推测。例如，学习者不知道需后接宾语的及物动词作谓语时需要在前面加上系动词。

4.2.3 "显性错误"与"隐性错误"

"错误分析理论"中的第三对术语是"显性错误"与"隐性错误"。按照信息传递的形式，科德（Corder，1973）[43-45]把错误划分为"表达性错误"（expressive error）与"接收性错误"（receptive error）。他认为在同等语言知识能力的条件下，涉及语言使用的表达性错误是显性的（overt），更容易被发现；而接收性错误是隐性的（covert），不容易被发现。布朗（Brown，2000）[220]对此进一步解释说，显性错误主要指语法错误，而隐性错误则指语法是正确的，但在交际环境中是不正确的。根据以上观点可知，语用错误（pragmatic errors）或语用失误（pragmatic failure）是指学习者在语言的得体性方面出现了问题。虽然在语法上是正确的，但是在语义和语境方面则不适宜。语言错误是显性的，而语用错误是隐性的。

4.2.4 其他错误分类

根据其他标准，语言学家也将中介语错误划分成了其他不同的类别：八十年代初，杜莱等人（Dulay, Burt, Krashen, 1982）在他们的合著里也探讨了错误的分类。他们一改七十年代初学者们的做法,按照四个不同的标准进行重新分类:1)按语言范畴(linguistic category)分为:语音、句法、语素、语义等方面的错误;2)按表层策略(surface strategy taxonomy)分为:省略(omission)、误加(additions)、双标(double marking)、泛规则化(regularization)、错位(misordering)等错误;3)按比较策略(comparative taxonomy)分为:发展性(developmental)、母语干扰性(interlingual)、模棱两可(ambiguous)和其他类型的错误; 4)按交际效果(communicative effect taxonomy)分为:整体(global)和局部(local)错误。整体错误是指那些涉及句子整体结构、分句关系、句子各成分之间关系的错误,会妨碍交际的成功进行。例如错用或漏用连词、主要词组语序颠倒、对句法规则的过度概括等。局部错误指某个句子成分内或复合句的某个分句内的错误,不妨碍交际。如错用或漏用某一动词或名词的词尾形式、冠词或助动词的错用或漏用等。他们认为这种二分法是相对的,二者可能会发生转化,如某句的整体性错误在全句嵌入复合句后可能变成局部性错误。整体性错误比局部性错误更妨碍交际。

布朗(Brown,2002)[64]也采用了和杜莱(Dulay,1982)等人类似的分类方法,并用误代(substitution)和错序(disordering)取代了泛规则化的说法。

杜莱(Dulay,1982)等人的分类是迄今为止一个较全面的错误分类方法,它是对以往较混乱、零散的分类的改造和吸收。显而易见,这种分类方法在语言教学中更为实用,教师可以直接发现学习者所犯的错误,并提醒他们注意。

除此之外,泰勒(Taylor,1986)将错误分成心理语言学方面的错误,社会语言学方面的错误,认知方面的错误和语篇方面的错误。心理语言学方面的错误与学习者在交际活动中使用目标语语言的能力有关;社会语言学方面的错误与学习者在不同社会情景中调试目标语语言的能力有关;认知方面的错误与学习者已具备的认知水平和掌握新知识的认知能力有关;语篇方面的错误与学习者连贯运用目标语文本的能力有关。

在涉及错误典型性的问题上,科德(Corder,1973)[43-45]把错误分为群体性错误与个体性错误。根据中介语发展的特点，科德（1974）又把错误划分为前系统性错误（pre-systematic error）、系统中错误（systematic error）和后系统性错误（post-systematic error）。当学习者有交际意图，但未能掌握目标语的规则和表现形式，不得不运用以往的语言知识来进行交际，这时产生的错误便是前系统错误。这是超越学习者语言发展阶段的错误，学习者不能识别，因而无法自行改正。系统中错误是指学习者在内化目标语规则的过程中，已经了解某些语言规则，但是对规则作了错误的归纳或假设而造成的错误。这是由于学习者对目标语理解不确切或不完整而产生的错误。后系统错误是指学习者已经拥有了完整的、系统的目标语语言知识，但尚未形成习惯而在使用中出现的错误。此时，学习者已经掌握目标语语言规则，并能正确使用，可能由于一时疏忽或遗忘而犯错。学习者可以发现这些错误，能够自行改正。

　　詹姆斯（James，2001）[87]从语言学的角度将错误划分成基本错误，包括拼写、大小写和标点错误；词汇和搭配错误；语法错误，包括词形和句法错误；衔接和连贯错误；习语错误。

　　蔡龙权和戴炜栋（2001）在国外学者研究的基础上，将错误分类补充和整合成两种分类方法。第一种分类方法将错误类型划分为三个方面：学习者，学习内容和学习行为。其中，学习者错误包括语内错误、语际错误、干扰性错误、转移性错误、过度概括错误、忽视规则限制错误、运用规则不完整错误、概念假设错误、简化性错误等。学习内容错误可以进一步分类成语音错误、语法错误、词汇错误、语义错误和语篇错误等。学习行为错误主要指疏忽性错误。第二种分类方法将错误划分为数量、性质和顺序的三个方面。其中，数量方面的错误又可分为普遍性错误和个别性错误。性质方面的错误包括意义性错误和形式性错误。形式性错误又可继续细分为接收性错误和表达性错误、书面性错误与口头性错误两组。顺序性错误既可分为低级性错误和高级性错误，又可分为前摄性错误和后摄性错误。

　　综上所述，中介语错误的成因和分类情况非常复杂，按照不同的角度，学习者的错误可被划分成不同的类型。目前，并没有一个统一的、为学界广泛接受的分类标准。实际上，在一般的错误分析中，研究者常根据自己分析、研究的需要，使用其中一个分类标准或综合运用。结合我国 EFL 教学的实际情况，本书将结合前人的研究，特别是科德（Corder，1971）、理查兹（Richards，1971）、埃利斯（Ellis，1995）、杜莱等人（Dulay et al., 1982）以及布朗（Brown，2002）的分类方法，将我国 EFL 学习者的中介语错误分成两大类，即语言错误和语用失误。其中，语言错误又可细分为语音错误、词汇错误、句法错误和语篇错误。这样的分类主要是考虑到两方面的原因。首先，这样的分类方式更为直观，能够直接反映我国 EFL 学习者在英语学习中的各种错误表现。其次，这样的分类方式更便于研究者和语言教师将错误纠正策略直接运用于 EFL 英语教学中。

4.3 中国 EFL 学习者的中介语错误分析

近年来，中介语错误分析已经成为二语习得研究，特别是中介语研究中的重要领域，国内外学者从理论和实证两方面对中介语错误进行了大量的相关研究。国内针对中国 EFL 学习者的中介语错误研究主要分为两类，一类是理论方面的研究，主要是对错误分析理论的评述，以介绍中介语错误的类型和分析中介语错误的原因为主（戴曼纯、王湘玲，1997；洪流，1998；蔡龙权、戴炜栋，2001；胡坚，2004；傅伟锋，2007）。另一类是实证方面的研究，主要以案例分析和基于语料库的分析为主（董俊虹，1999；苏红霞，2002；冯奇、万华，2003；陈万霞，2002；何华清，2009；张文忠，2009）。大部分的研究探讨了中国 EFL 学习者中介语错误中的某一类或某几类错误，与学习者错误整体规律的相关研究并不多见。本书作者在总结国内外中介语相关研究的基础上，试图分析和探讨中国 EFL 学习者中介语错误的整体情况。本书将借助科德（Corder，1974）提出的错误分析的 5 个步骤进行相关研究：采样（Collection of a Sample of Learner Language）、识别（Identification of Errors）、描写（Description of Errors）、解释（Explanation of Errors）和评价（Evaluation of Errors）。本章的样本数据来源于中国民航大学 2018 级、2020 级和 2022 级非英语专业学生参与的口语、书面语作业和测试。

4.3.1 语言错误（Linguistic Errors）

本书认为学习者的语言错误既包括书面语表达中的错误，也包括口语表达中的错误。本节将从语音错误、词汇错误、句法错误和语篇错误这四个方面探讨中国 EFL 学习者的中介语语言错误。

1. 语音错误（Phonological Errors）

作者对中国民航大学 2018 级 204 名非英语专业大一新生进行了英语语音的调查问卷和语音测试。问卷包括语音意识评估和语音知识问题两个部分（详见附录 1），共设 18 个问题，全部为客观题，其中 1-7 题旨在调查受试者的语音意识，8-18 题为语音知识问题。语音测试（详见附录 2）包括单词、单词音标、短语和句子的朗读。测试结果反映出受试者学生在英语语音方面出现的错误主要有以下 5 种类型：错音、加音、吞音、词重音错误和语调错误。

（1）错音。错音指将音素（phoneme）或单词的正确语音错发为另一个相近或相似的语音。测试结果表明，此类错误最多。

错误表现一：将边音 /l/ 时错发成类似 /ə/ 的音；

错误表现二：将单词"vehicle"错发成 /ˈwiːəkl/；

错误表现三：将单词"thing"错发成 /sɪŋ/。

以上三个错误产生的直接原因是学习者不知道某些音素的确切发音位置。学习者对发音器官的分布和认识仅限于口腔和鼻腔两个共鸣腔，对于舌尖、舌前、舌端、舌后、小舌、上齿龈、硬腭和软腭等器官的辨识度很低。例如，造成错误一的原因是发音时舌尖别有抵住上齿龈；造成错误二的原因是发唇齿音 /f/ 和 /v/ 时，下唇没有轻触上齿；造成错误三的原因是不知道发 /θ/ 音时，舌尖应置于上下齿之间。

错误表现四：将单词"sprain"中的字母 p；单词"extend"中的字母 t；单词"destroy"中的字母组合 tr 作送气处理。

在中国 EFL 学习者中，这个语音错误的比例非常高，在一次测试中，67.6%（138 人）的学习者读错"explore"；80.9%（165 人）的学习者读错"despair";22.1%（45人）的学习者读错；将单词17.6%（36人）的学习者读错"strain";25%（51人）的学习者读错"stride"。造成这个错误的原因是，学习者不了解"英语清塞音 /p/、/t/、/k/ 出现在 /s/ 音后不送气（unaspirated）"的音位变体（allophone）规则。

错误表现五：将单词"please"和单词"nose"结尾的辅音读成 /s/。将单词"year"读成 /iə/。

错误表现六：将音标 /diˈspeə(r)/ 误认为是单词"disappear"的音标。

错误表现七：某些音标（/ʃ/、/j/、/dʒ/）的发音错误率非常高，在一次测试中，有66.2%（135人）的学习者读错以上三个音标。其中，将音标 /jiːld/ 误读成 /dʒiːld/ 的有105人，占总数的51.5%；将音标 /juˈniːk/ 误读成 /dʒuˈniːk/ 的有132人，占总数的64.7%。

这三个错误表明，大量的中国EFL学习者没有系统性地学习过国际音标，在音标的书写、音节的划分、重音及次重音符号的辨识等方面存在知识空白。在朗读单词时，学习者只能根据以往的学习经验凭借模仿发音，会出现读音不准确的现象，如果遇到陌生单词，则无法根据音标进行拼读。

错误表现八：将单词 year（/jiə/）发成与单词 ear（/iə/）一样的音。

错误表现九：将元音 /æ/ 发成 /e/，例如，将音标 /ˈfæklti/ 读成 /ˈfeklti/。

这两个错误反映出，在英语元音发音时，学习者往往不自觉地直接借用汉语中相似韵母的发音，尤其是那些英汉发音相似的元音，如将英语的单元音 /i/ 错发成类似汉字"衣"的音，如果在汉语里找不到对应音（如 /æ/），就会产生发音困难。

（2）加音。加音指在单词的元音或辅音之后添加不必要的另一个音素。在语音测试和实际教学中，作者发现学习者的加音错误相对较少。

错误表现一：在以辅音为结尾的单词结尾加上半元音 /ə/，例如，将单词"pick"读成 /pikə/，将"wait"读成 /weitə/。

错误表现二：在辅音，尤其是清塞音后边随意添加 /s/ 音。

上述两个错误产生的原因相似：汉语中没有以辅音为结尾的发音习惯，这一母语发音习惯给学习者的英语发音造成了负迁移的影响。

（3）吞音。吞音指在发音过程中将单词的某个音素省去不发。

错误表现一：将短语"good dog"读成 /gu dɔg/。

造成这一错误的原因是，学习者不了解"相邻塞音之间形成发音位置交叠时，前一个塞音不除阻"的音变规则，不知道在发音时应该遵循"形成阻碍、稍做停顿、不送气"的发音方法。在发音时，经常会出现两个塞音都除阻或者吞音现象。

错误表现二：将短语"take in"读成 /tei in/，将短语"credit card"读成 /ˈkredi kɑː/。

错误表现三：将单词"next"读成 /nest/。

这两个错误的共性问题也与母语的负迁移影响有关。错误二产生的原因是：在我国粤方言中，除鼻辅音外，只有不除阻的 /p/、/f/、/k/ 3 个辅音出现在词尾，因此，当 /d/、/t/、/k/ 等辅音出现在单词结尾时，来自该方言区的学习者发音时会出现吞音错误。错误三产生的原因与错误二类似：在我国的吴方言中不存在辅音连缀现象，所以该方言区的学习者经常犯辅音丛吞音的错误。

（4）词重音错误。词重音错误指将单词的正确重音位置错误地改变和移动。

错误表现：不能正确判断"unique、idealist、decent、distinct"等双音节和多音节词的重音位置。

在一次测试中，有 58.3%（119 人）的受试者读错单词"unique"的重音；81.3%（166 人）的受试者读错单词"idealist"的重音；58.8%（120 人）的受试者读错单词"decent"的重音；54.4%（111 人）的受试者读错单词"instinct"。造成该错误的原因也与母语的影响有关，汉语靠声调区别意义，并无重音的概念，因此以汉语为母语的学习者在习得英语语音中的音节和重音等规则时会遇到很大困难。

（5）语调错误。语调包括连读、弱读、节奏等方面的内容，属于超音段音位特征（suprasegmental features）。语调错误即在这些方面出现的错误。

错误表现一：不能区分单词"please"的元音 /iː/ 和单词"police"第二个音节中元音 /iː/ 的音长。

错误表现二：元音发音过于短促。

错误表现三：忽视连读或弱化。

错误表现四：朗读感叹句时，不能通过发音的强弱对比体现情绪。

错误表现五：朗读疑问句时，对于升调的拿捏不够准确，往往将升调扬得很高，显得很生硬，缺乏美感。

语调错误反映出多数学习者不了解元音的音长、音高、音强等超音段音位能够区别意义单位，发音过于随意，囫囵吞枣，很多音素的发音含混不清。不了解"单音节的元音时长最长，重读音节里的元音时长更长"的音变规则，不注意"长音要拉长，短音要短促有力，双元音要饱满圆润"等发音方法。朗读长句时，学习者常常忽视连读、重读、弱读等语音规则，以平均用力的方式，将每个单词等长等重地朗读下来，不注意通过强弱对比来表达语气。

通过上述分析，本书作者认为导致中国EFL学习者的语音错误的根源大致可以分为两类，一类属于科德（Corder，1971）和理查兹（Richards，1971）提出的语内（发展性）错误范畴，反映了学习者英语语音意识淡漠，语音知识学习不完整，语音基础知识薄弱等问题；另一类属于语际错误（迁移错误）范畴，体现了汉语发音规则对学习者英语发音造成的影响和困扰。

2. 词汇错误（Lexical Errors）

作者在中国民航大学2020级和2022级共796名大一和大二非英语专业学生中持续展开5个学期的英语口语和写作训练。口语训练内容包括：学生被随机分成3至5人不等的学习小组，每周由一个小组的学生完成自选题目的课堂演讲展示。写作训练内容包括：学生每3周完成一篇写作作业，作文题目均为历年全国大学英语四六级考试作文真题。写作任务由学生在课下完成，不限时，有字数要求（150-180字）。学生在接受这些口语和写作训练时并不知道会被用于研究，因此语料的有效性得到了一定的保证。通过对口语展示的课堂观察和对作文的批改，作者发现受试者学生在词汇习得方面经常出现一些共性的错误。为了便于分析和对比，我们将这些词汇错误按照名词错误、动词错误、形容词和副词错误、代词错误、介词错误、冠词错误、词汇搭配错误进行分类。

（1）名词错误。名词方面的错误主要体现在以下三个方面：名词复数词尾错误；可数名词和不可数名词混淆；名词性词缀混淆。

错误表现一：These ***phenomenons***（正确形式：phenomena）show that college students prefer to stay in big cities after graduation.

英语中的名词复数形式规则变化是在原形名词的结尾加上 -s，但是有不少名词的复数形式是不规则变化。这个错误反映出学习者将"加 -s"这一名词复数的规则变化运用到了需要进行不规则变化的名词上，从而造成了错误。这个错误属于理查兹（Richards，1971）所说的发展性错误中的"过度概括"。

错误表现二：Last but not least, different methods of teaching and different ***life***（正确形式：lives）can be experienced in colleges.

错误表现三：A smile to strangers may accidentally save other people's ***life***（正确形式：lives）.

错误表现四：So, I needed to make some ***change***（正确形式：changes）.

错误表现五：Without smile, it is almost impossible for ***human***（正确形式：humans）to have close friends.

错误表现六：There are many ***competition***（正确形式：competitions）and ***conflict***（正确形式：conflicts）between them.

错误表现七：As for me, there is no doubt that education offers favorable working ***opportunity***（正确形式：opportunities）.

错误表现八：What's more, going to a graduate school can greatly broaden my ***horizon***（正确形式：horizons）.

错误表现九：As a consequence, more and more graduates choose to further their ***study***（正确形式：studies）.

错误表现十：Confidence is also an important part of ***relationship***（正确形式：relationships）.

这类错误在英文写作中出现的频率非常高。值得一提的是，尽管这类错误与第一类错误一样，都与名词的复数形式有关，但是这些错误产生的原因与第一类是不同的。这类错误都是由于学习者不能区分英语中的可数名词和不可数名词所造成的。其中，错误二、三、四属于同一种情况。英语中的某些名词既可以是可数名词，也可以是不可数名词。例如，当单词"life"表示"性命、人命"或"（特定的）生活"时，它是一个可数名词，只有当单词"life"表示"生命"时，才是不可数名词。再如，当单词"change"表示"变化"时，它也是一个可数名词，只有当它表示"（重大）变革"或"找零"时，才是不可数名词。这三个错误表明，学习者忽视了"当某个名词表达特定意思时是不可数名词"这一规则中"表达特定意思"的限制条件，从而造成了语言错误。这属于理查兹（Richards，1971）所说的发展性错误中的"忽视规则限制"。错误五至十则是另一种情况。这些错误中的名词本身就是可数名词，但是学习者却认为这些词是不可数名词。究其原因，学习者受到了这些词汉语意思的影响，误认为它们都是不可数名词，不该在词尾进行复数形式的变化。这类错误在 EFL 学习者的一些抽象名词使用中尤其普遍，例如，单词"opportunity、difficulty、experience、relationship"等等。这属于科德（Corder，1971）所提出的语际错误，即学习者的目标语受到了其母语的迁移影响。

错误表现十一：What's more, smiling at others can bring a sense of *warms*（正确形式：warmth）to others and increase mutual understanding and trust.

错误表现十二：Smiling can relieve a stranger's *embarrassness*（正确形式：embarrassment）.

错误表现十三：With the *growing*（正确形式：growth）of population, the resources in our country became fewer and fewer.

错误表现十四：I bought this bike two years ago, and make good *maintainness*（正确形式：maintenance）for it.

这四个错误都属于英语名词后缀形式方面的错误。英语中有一些名词是由名词性后缀构成的，其中一些后缀有规律可循，但是大量后缀没有规律，这就需要学习者去反复记忆。这几个错误表明，学习者知道英语中名词后缀这一规则，但是没能区分这些后缀，从而造成了混淆。这属于理查兹（Richards，1971）所提出的发展性错误中的"运用规则不完整"。

（2）动词错误。动词方面的错误主要包括三种类型：非谓语动词错误；心理使役动词错误；动词过去式/过去分词形式错误。

错误表现一：Some hold that priority should be given to **start**（正确形式：starting）a business of your own, but others take the attitude that finding a job is the best choice.

错误表现二：A person who can keep to **smile**（正确形式：smiling）in dilemma can make other people feel reliable.

错误表现三：**Trust**（正确形式：trusting）each other is the great foundation for employers and employees to corporate.

上述错误属于英语中非谓语动词的错误。英语中的非谓语动词包括不定式、动名词和分词（现在分词和过去分词）。这些词在句子中不能充当谓语，可以充当主语、宾语、定语、状语，补语等。错误一和错误二体现出学习者混淆了非谓语动词的特定用法，将"大多数动词后出现动词不定式"这个一般规则扩大为"所有动词后都使用动词不定式形式"。这属于"过度概括"的错误。错误三则表明学习者不能准确掌握"动词不能充当主语，动名词可以充当主语"的规则。这属于"忽视规则限制"的错误。

错误表现四：If anyone **has**（正确形式：is）interested in my bike, please contact me through email.

错误表现五：I **convince**（正确形式：am convinced）that what he says is reasonable.

这两句话里的单词"interest"和单词"convince"都是英语中的心理使役动词。心理状态动词主、宾语与心理使役动词主、宾语存在一个颠倒的关系，这一现象给我国的 EFL 学习者带来了很大困难。这个错误实际上是由两个原因共同造成的结果：第一，学习者犯了"过度概括"的错误，没有注意到这类动词的特殊用法，而是把它们当作一般动词来使用。第二，这也是母语负迁移造成的干扰。英语中表示"使因"和"状态变化"这类意思的动词比较普遍，而汉语中没有那么普遍。另外，很多汉语里的心理使役动词在英语中往往都有其对应词，反之则不然，大多数的英语心理使役动词在汉语里找不到对应物或对应词不含"使因"

这个意思。这就造成了在这类词的使用上，我国的 EFL 学习者经常会犯语际／迁移错误。

错误表现六：From then on, we have *became*（正确形式：become）good friends.

错误表现七：When you are *stucked*（正确形式：stuck）in deep depression and setbacks or anything else, a smile from strangers may light up your spirit.

错误表现八：Secondly, disposable plastic bags being *threw*（正确形式：thrown）in the sea can suffocate marine life.

这三个错误都与动词过去式／过去分词形式有关。在这三个错误里，学习者都知道有一些英文单词的过去式和过去分词是特殊变化形式，但是在具体运用中出现了错误。这属于"运用规则不完整"的错误。

（3）形容词和副词错误。形容词和副词错误主要体现在比较级的变化方式上。

错误表现一：A man who usually smile is more *easier*（正确形式：easier）to get on well with others than those who seldom smile.

错误表现二：Since 1984, the World Mental Health Organization has designated May 8 as World Smile Day, hoping it can promote people to become more *healthy*（正确形式：healthier）and feel more *happy*（正确形式：happier）.

错误表现三：Once a mam loses his confidence the communication will be more and more *hard*（正确形式：harder）.

错误表现四：The real distance in daily life has become *more and more far*（正确形式：father 或者 further）.

错误表现五：On the other hand, our world will be *more and more neat*（正确形式：neater）and *healthy*（正确形式：healthier）with this method.

这几个句子中的形容词／副词都是单音节或双音节词，其比较级的变化方式是规则变化，即在原型形容词的词尾加上词缀"-er"。但是，学习者都将这些形容词／副词的比较级进行了不规则变化。其中，错误一和二属于埃利斯（Ellis，1995）提出的特殊错误（"诱导性"错误）。这应该是由于在教学中，教师多次强调了"多音节形容词／副词的比较级应在原形单词前边加上单词"more""这一特殊规则，导致学习者牢记这个规则，以致错用在单音节形容词／副词上。同时，这一错误也与"忽视规则限制"有关。而错误三、四、五的例子则与语际错误，即母语的迁移作用有关。学习者受到了汉语中"越来越"这一语义结构的影响和干扰，导致错误产生。

（4）代词错误。代词错误主要表现在代词缺失；不定代词错误；代词"it"指代错误；泛指代词"we、you、one"混用错误。

错误表现一：When you are in a state of sadness,（缺失 *someone*）else's smile may also make you out of loneliness.

错误表现二：However, there are still a number of people（缺失 *who*）don't realize the significance of smile.

这两个例子都是关系代词缺失的错误。在第一个错误中，学习者明显受到了单词"else"的中文意思干扰，误以为单词"else"是代词，导致丢失了不定代词"someone"。第二个错误是"运用规则不完整"错误。这个句子反映出学习者可能基本了解定语从句的一般语法规则，但是，学习者不熟悉"当关系代词'who'是主格，在定语从句中作主语时，不能省略关系代词"这一特定规则。

错误表现三：Smiling plays an important role in communicating with *other*（正确形式：others）.

错误表现四：The same situation also happens when you make friends with *others*（正确形式：other）people.

这两个错误与不定代词"other"和"others"的用法和词性有关。不定代词"other"既可以作代词，也可以作形容词，不定代词"others"是代词"other"的复数形式。从错误三的句义上来说，代词应该用复数形式"others"，而不能用单数形式"other"。这个错误表明学习者受到了汉语负迁移的影响，属于语际错误。因为，在汉语中"别人"或"他人"是指"除自己以外的人"，语义上并无明显的单复数区别。错误四则反映出学习者混淆了单词"other"两个词性的用法。这也是语际错误的体现。英语中短语"other people"表示"其他的人,别的人",这里的单词"other"是形容词,没有复数形式,而汉语中"别人"是一个人称代词,也可以表示复数概念。

错误表现五:College students pursue different goals after graduation, *someone*(正确形式:some) go to work, *someone*(正确形式:others) go to graduate school.

不定代词"someone"指"某个人",表示单数概念。根据句意,两处使用不定代词"someone"的地方都是复数概念,应分别改为单词"some"和"others"。学习者显然受到了单词"some"的中文意思影响,误认为单词"someone"表示"一些人"的意思,混淆了不定代词"someone"和"some"的区别。

错误表现六:They *all* don't think so.(正确形式:None of them think so.)

否定句中的不定代词"all"只否定一部分,不是全部否定。例如,我们熟悉的谚语"All that glitters is not gold.",表示"发光的不都是金子",而不是"所有发光的都不是金子"。单词"all"的这一特殊用法比较复杂,不为很多中国 EFL 学习者掌握。这个错误属于这个错误属于理查兹(Richards,1971)所说的发展性错误中的"错误的概念假设"。

错误表现七:First of all, *it*(正确形式:using disposable plastic bags) is harmful to the environmental protection. It can cause the white pollution to our environment because *it is*(正确形式:plastic bags are) hard to be degraded by natural decomposition.

错误表现八:If the abandoned plastic bags are scattered in the corner of the city, *it*(正确形式:they)will greatly affect the appearance of it.

错误表现九:Although the disposable plastic bags have brought a lot of convenience to people's life, but *it*(正确形式:they)also caused a lot of problems.

错误表现十:Because *it is*(正确形式:they are)very convenient,

disposable plastic bags are widely used in every aspect of life.

错误表现十一：As the name suggests, plastic bags are made of plastic, which makes *it*（正确形式：them）hard to be degraded.

错误表现十二：Some people even throw these plastic bags into the ocean. Not only does *it*（正确形式：do they）cause land pollution, but also cause marine and ecological pollution.

代词"it"的错误使用是中国 EFL 学习者常见的一种中介语错误。可以分成两类：错误七属于第一类。该句单词"it"出现了三次，根据句意来判断，学习者想用前两个"it"指代"使用一次性塑料袋"（the using of disposable plastic bags），用第三个"it"指代"一次性塑料袋"（disposable plastic bags）。这就造成了指代关系上的混乱，导致句子的连贯性差。错误八中的第二个"it"也属同类错误。错误八中的第一个"it"和错误九、十、十一、十二中的"it"都属于第二类错误，即用"it"来指代"物的复数名词"。"it"只能指代物的第三人称单数。如果要指代复数名词，应该用"they"或者"them"。

错误表现十三：We have to choose the way others are easy to accept, euphemistically express *your*（正确形式：our）thoughts and stand in the perspective of others.

错误表现十四：It's critical for us to know what *one*（正确形式：we）wants to do after graduation.

表示泛指人们时，中国 EFL 学习者经常混用代词"we、you、one"，造成了语义上的逻辑混乱。究其原因，汉语泛指代词的使用规则不甚严格，经常混用，这一母语的使用习惯对 EFL 学习者造成了影响。

值得一提的是，人称代词"he"和"she"的混用在中国 EFL 学习者的口语输出中非常常见，但是在书面语输出中却并不常见。有学者（Gundel & Tarone, 1981；Chan & Wong, 2001）针对 EFL 学习者英语第三人称单数代词使用错误展开了研究，并提出这主要是因为学习者的母语第三人称单数在口语中不区分性别。汉语恰好属于这种情况。

通过上述分析，可以看出，除少数错误外，大多数与英语代词相关的中介语错误都属于语际错误。这是因为，英语代词的用法比汉语更多变、更复杂。英语忌重复，所以大量使用代词替代名词，代词使用远远多于汉语。而且，英语使用代词时，所指必须清楚。英语代词还有主格、宾格、所有格之分，形式多有区别；汉语则没有或区分没有那么复杂。这就给学习者对英语代词的掌握和使用带来了很大困扰。

（5）介词错误。介词的错误主要包括介词缺失、介词冗余和介词错用等三类。

错误表现一：We always form a team because（缺失 *of*）our common goals.

错误表现二：Most *of*（冗余）successful social elites admitted that not only could smile dissolve the contradiction, but also it might lighten up other people's mood.

错误表现三：*In*（冗余）last semester, I made rapid progress.

错误表现四：Try to smile *to*（正确形式：at）other people whether he or she is stranger.

错误表现五：Smile is the symbol *for*（正确形式：of）confidence.

错误表现六：As *to*（正确形式：at）myself, I prefer the latter view.

英语里的介词主要承载着功能性、结构性的作用，其词意随语境改变而变化。中国 EFL 学习者往往依赖词意学习语言，导致英语介词的习得困难非常大。在实际教学中，本书作者发现学习者在英语介词的使用上所犯的错误，从数量上来说，介词的错用比介词的冗余和缺失多得多。这可能是因为汉语本身有省略介词的特点。受到这一母语特征的迁移影响，中国英语学习者不易产生介词滥用的问题。

（6）冠词错误。英语中的冠词包括定冠词和不定冠词。学习者的冠词错误主要包括三类：不定冠词缺失，定冠词冗余和不定冠词"a, an"混淆使用。

错误表现一：The power of（缺失 *a*）smile is incredible.

错误表现二：I am（缺失 *an*）introverted person.

错误表现三：Because of（缺失 *the*）COVID-19 pandemic, job opportunities are becoming fewer and fewer.

错误表现四：Upon graduation, virtually all college students will confront（缺失 *the*）problem of the career choice.

冠词缺失的错误属于语际错误。由于在中国 EFL 学习者的母语中没有冠词这一词类，导致学习者尤其是初级阶段的学习者很难形成使用英语冠词的意识和习惯，所以在使用目标语的过程中容易遗漏冠词。

错误表现五：We would like to cooperate with *the*（冗余）people who are reliable.

这个错误则与前一组错误相反。英语定冠词"the"使用广泛，但是也有限制条件。当普通名词表示泛指意思的时候，该词前边不能加"the"。学习者忽视该规则，导致错误产生，这属于"忽视规则限制"错误。

错误表现六：Smiling is *a*（正确形式：an）effective way to communicate with people.

错误表现七：The difficulty of employment has become *a*（正确形式：an）increasingly realistic and tough problem that graduates have to cope with.

不定冠词"a、an"混用的错误根源在于学习者"运用规则不完整"，即学习者知道应该在名词前加上不定冠词，但不知道两种不定冠词的区别和用法，或者不能根据名词的发音（而不是拼写）判断出该词前边应该加上"a"还是"an"。

（7）词汇搭配错误。词汇搭配错误涵盖广泛，可涉及词类之间的搭配使用。

错误表现一：Do you also feel *social fear*（正确形式：social awkwardness）in your daily life?

错误表现二：Have you ever been bothered by how to *start a topic*（正确形式：start a conversation）with strangers?

错误表现三：At this moment you must be overwhelmed by *some pessimistic feelings*（正确形式：a mood of pessimism）.

在实际教学中，本书作者发现该类错误非常常见，此处只略举几例。词汇搭配的习得是中国 EFL 学习者的学习难点。这主要是因为英语中许多约定俗成的搭配本就缺乏理据性。对本族语者来说习以为常的说法，对二语习得者却带来了莫大的难题,这正是语言学习最困难的地方之一。很多高阶二语习得者也难以避免出现搭配错误。当二语习得者尝试使用目标语表达某个意思,却未能掌握其正确的目标语表达形式时,常常会不自觉地借用母语思维帮助形成表达。这些口语或书面语的输出虽然从语法角度并无问题,却可以被本族语者一眼识别出问题所在,即所谓的"直觉语义不当"(semotactic appropriateness)。此处举例的三个句子均体现了母语负迁移的影响。

通过以上分析,我们可以看出导致中国 EFL 学习者英语词汇习得错误的语言时多方面的。其中既有语际迁移(Corder,1971;Richards,1971)的影响,也有学习者处在发展阶段的语内错误(Corder,1971;Richards,1971)的影响,还有一些属于特殊的诱导性错误(Ellis,1995)[55-56]。

3. 句法错误(Syntactical Errors)

除了词汇错误以外,学习者在英语写作中表现出的另一大类错误就是句法错误。而且,从语言错误的性质上来说,句法错误的性质要比词汇错误的性质更严重。句法错误会直接导致语篇的衔接和连贯方面出现问题。本书作者在日常教学和学生的写作作业中发现,中国 EFL 学习者在英语句法习得方面产生的错误主要有以下六种类型:主谓不一致、系动词缺失、系动词冗余、复合句时态混乱、流水句、特定句型错误。

(1)主谓不一致错误。主谓一致是指英语句子中主语和谓语在数、人称方面的一致。主谓不一致的错误则体现在这些方面的不一致。

错误表现一:It is generally believed that a person who *have*(正确形式:has)a supreme degree can obtain a job more easily.

错误表现二:Now let me talk about why I think team spirit and communication in the work place *is*(正确形式:are)important.

错误表现三:Plastic bags *has*(正确形式:have)been widely used for many purposes since *it was*(正确形式:they were)invented,which *causes*(正确形式:cause)serious damage to the environment.

错误表现四:Now team spirit and communication in the workplace *is*(正确形式:are)more and more important.

错误表现五：The use of plastic bags *cause*（正确形式：causes）irreversible harm to our environment.

错误表现六：In a word, limiting the use of disposable plastic bags not only *benefit*（正确形式：benefits）both the environment and human being, but also *save*（正确形式：saves）materials and energy.

主谓不一致是中国 EFL 学习者的一种常见中介语错误。这是由于汉语中没有主谓一致这一要求，学习者在母语习得过程中没有建立起这一概念，导致其在目标语习得中受到了迁移影响。受试者都是非英语专业大学生，经过多年的英语学习，他们基本上不会在简单句写作中出现主谓不一致的错误。然而，在复杂句或复合句的写作中，学习者还是会频繁出现类似错误。特别是当句子的主语是抽象名词或并列主语时，这类错误更为普遍。

（2）系动词缺失错误。英语中系动词"be"的功能主要是连接主语和表语，从而说明主语的状态、特征或属性。系动词有自己的但不完全的词义，不能在句子中单独充当谓语。系动词缺失的错误即是指系动词在句子中的不当省略。

错误表现一：The power of a smile（缺失 is）even bigger than the word "hello"。

错误表现二：Therefore, the environment of the universities can（缺失 be）better improved.

错误表现三：The higher the level of education（缺失 is），the higher the salary（缺失 is）。

错误表现四：A good news for everyone（缺失 is）that I have a bicycle for sale.

奥德林（Odlin, 1989）[73] 曾经指出（类似上述）英语系动词的省略可能是 EFL 学习者中的普遍存在的现象，因为学英语的西班牙人、中国人、日本人和母语为其他语言的 EFL 学习者都有类似省略的错误情况。学习者可能在遵守"语义经济"原则，即没有实义的话少说。这一现象反映了受试者"重义轻形"的习得特点，从而忽略了目标语的表层形式。"重义轻形"是造成系动词缺失这一中介语错误的其中一个原因。另一个原因则与母语的迁移影响有关。因为汉语中并无系动词的概念。这也许与"汉译英"这类学习任务相关，因为这种学习任务容易激活学习者的母语语义图式（L1 semantic schema），使迁移错误发生。

（3）系动词冗余错误。系动词冗余的错误与系动词缺失的错误正好相反，是指在句子中出现了多余的系动词，多表现为出现在实义动词之前的错误现象。

错误表现一：We *are*（冗余）know that mood plays an important role in communicating with others.

错误表现二：The team spirit *is*（冗余）play an important role in workplace.

在以上两个错误中，EFL学习者在陈述句中使用了冗余添加（redundant addition）策略，从而造成了系动词和实义动词连用的错误。造成错误的原因可能是学习者将"We are""I am"等主语和系动词的搭配看作了一个固定的句式。这可能是学习者初学英语时最早习得的一个句式，因此留下了较为深刻的印象。

（4）复合句时态混乱错误。时态使用的主要原则之一就是时态一致性。当一种时态用来表示某一特定语境的时间指示时，该时态应贯穿此语境的始终。在英语的复合句中，从句谓语动词的时态须与主句的谓语动词时态保持一致。若不一致，就犯了时态混乱的错误。

错误表现一：It *surprises*（正确形式：surprised）me that my teacher taught and encouraged me with a smile.

错误表现二：If you *lived*（正确形式：live）in a big city，your life will become convenient and fast.

以上两个错误都是学习者在特定语境下时态应用不一致的错误。时态是二语学习过程中相当困难但却最为重要的内容之一，其在语篇中起到了贯穿全篇时间概念的重要作用。中国EFL学习者的时态概念相对淡薄，经常混淆中英文的时间表达，无法理解英语时态多维、动态的基本特征。英语和汉语在时态体系方面存在着非常大的差异。英语的时态概念具备语法功能，汉语的时间表达则多使用词汇手段，并无语法形态上的变化，这种母语和目标语在语法结构上的不对应现象，必然会给 EFL 学习者带来负迁移的影响。学习者在使用目标语写作的过程中注意力往往过多地集中在对词汇的筛选、句型结构的组织等方面，从而忽略了动词时态的正确运用。格兰杰（Granger，1998）的研究表明，时态不一致的错误也出现在了以西班牙语和法语为母语的高级英语学习者的书面语表达中。这说明，时态不一致错误是二语学习中较为普遍的问题，属于学习者在学习过程中出现的发展性错误，是一种学习者的中介语特征。

（5）流水句错误。所谓流水句，即使用逗号而不是连词连接句子，或者用逗号切分没有并列或从属关系的句子，造成拖沓、不规范的句法。

错误表现一：Smile can show respect and friendship to others, everyone wants to be respected in communication.

错误表现二：On a rainy day, I gave my umbrella to a girl who forgot her umbrella in her dorm, she sincerely thanked me and wore a blowing smile on her face, which warmed my heart.

错误表现三：Smile is very simple, but far-reaching, we laugh together, the world is warmer.

错误表现四：Some hold that taking a job is better, others believe that going to a graduate school is more promising.

错误表现五：Secondly, on the other side of life, with the growth of private cars in big cities, people's dissatisfaction still exists, the environment is deteriorating day by day, more and more gases are emitted in the air, and the noise around residential areas is becoming more and more uncomfortable.

流水句错误是中国 EFL 学习者常见的中介语错误之一。该错误受到较明显的母语负迁移的影响，这是由于流水句是汉语特有的句式之一，是最能体现汉语特征的句型之一。吕叔湘（1979）[21]曾指出：“汉语口语里特多流水句，一个小句接一个小句，很多地方可断可连。”如果把两个完整的句子放在一起而不加任何连词和标点，像流水一样连绵不断，那么就造出了一个流水句。这体现了汉语句法重意合的特点，注重意念连贯（semantic coherence），不求结构齐整。然而，英语句法重形合，注重形式接应（formal cohesion），要求句子结构完整，形式严密规范。二者在断句和标点的使用等方面差异巨大。古汉语没有标点符号，朗读时的语流停顿被称为句读。句读由文意的完整性决定，即句子的表达功能是否完成（申小龙，1996）[256-261]。因此，汉语断句存在较强的主观性和任意性。与汉语不同，英语的标点符号划分详细：句号、问号、感叹号表示一个句子的完结；逗号表示句内短促的停顿。一个英语简单句只包含一个主谓结构，逗号可以切分一个句子内充当定语或状语的短语，但是不具备连接两个简单句的功能。当一个英文句子里包含两个或两个以上主谓结构时，这个句子被称为复合句或复杂句。例如，在并列句里，分句之间用并列连词连接，多于两个分句时，可用逗号切分，但是最后两个分句之间必须用并列连词连接。复合句由一个主句加上一个或以上的从句构成，逗号可以切分主句和从句、从句和从句。除此之外，从句需要特定的引导词与主句相连。例如，关系代词／副词用以引导定语从句，关系副词或表达各种逻辑关系的连词用来连接状语从句与主句，也可以使用非限定动词连接句子。由此可见，英语主要依据主谓结构进行断句，并有许多规定的形式和方法连接句子，不能随意使用逗号切分句子。通过上述分析不难发现，中国的 EFL 学习者在英语口语和书面语表达中，很容易受到汉语流水句的影响，简单地用逗号连接句子，忽略了英文句法的规则和要求，造成了表达上的错误。

（6）特定句型错误。英文中存在大量的特殊句型，这些句子的结构须遵循各种特定的规则。如果学习者在表达中违反了这些特定的规则，就会出现句法方面的错误。这类错误不胜枚举，因篇幅有限，此处略举几例。

错误表现一：However, more and more people ***prefer to*** use sack rather than using disposable plastic bags.

英文里以 "prefer" 为谓语进行两者比较的句子有多种表达形式："prefer A to B; prefer doing A to doing B; prefer to do A rather than do B"。在这个错误里，学习者显然未能完全掌握这些表达方式的正确用法。这是由于学习者运用规则不完整所造成的中介语错误。

错误表现二：In other words, ***only can*** we have a thorough understanding of basic knowledge, *we will* have a broaden horizon and bridge the gap between junior skills and senior knowledge.

在这个错误的句子里单词"only"引导的倒装句用错了。单词"only"置于句首，强调状语时，主句中的助动词要提前，从而形成倒装，状语从句则不用倒装。这个句子强调的是时间状语，所以单词"only"后面要加上单词"when"。正确的句子表述应该是："In other words, *only when* we have a thorough understanding of basic knowledge, *will we* have a broaden horizon and bridge the gap between junior skills and senior knowledge."这也是由于学习者运用规则不完整所造成的错误。

错误表现三：When *entering* the workplace, as a new member, *active communication* is very important.

非谓语动词作状语是英文中很有特色的一类句型。该句型要求非谓语动词的逻辑主语，即意思上的主语必须是句子的主语。在这个错句里，现在分词"entering"的逻辑主语只能是"人"，而句子的主语是"active communication"，这就造成了句型的错误。造成这个错误的原因有两个：一是学习者运用规则不完整；二是母语的迁移影响，因为汉语里并无类似句法结构的意思表述。

错误表现四：There are many *kind*（正确形式：kinds）of activities on campus.

错误表现五：There are many students *have*（正确形式：having）the opportunities to participate in the Students' Society.

错误表现六：Nowadays, there are more and more students *pursue*（正确形式：pursuing）higher education after graduating from the universities.

存在句是表示"存在"的特殊句型，在英汉两种语言中都普遍存在。英汉存在句既有共同点也有区别。首先，二者的意思表述存在共性，都可以表示"存在、出现和消失"三个含义。英语的存在句一般用系动词"be"和"exist、live、stand"等动词表示"存在"的语义；用单词"arise、appear、emerge"等表示表示人或事物的"出现"；用单词"go、 arrive、escape"等表示"消失"。 汉语存在句也可以表示这三类语义。其次，英汉存在句在结构形式上存在着不小的区别。英语存在句里的地点状语通常位于句尾，一般的句子结构是："there+谓语动词+名词词组（存在主体）+状语（存在地点）"，如"There is a cup of tea on the table."。而汉语存现句中的地点状语却位于句首，一般的句子结构是："地点状语+动词（组）+名词（组）"，如"桌子上放着一杯茶"。第三，英汉存在句在形式和意义匹配上存在着较大的差异。英语存现句中谓语动词的形式和名词词组的单复数必须一致，如"There are three cups of tea on the table."。而汉语动词的形式并不随名词的单复数发生改变，如"桌子上放着三杯茶"。另外，英语存在句在表示某处有某人或某物在干什么或者怎么样时，需要使用"There+be+sb/sth+verb-ing"的句式结构表达施事行为的意义；用"There+be+sb/sth+verb-ed"的句式结构表示受事行为的意义。相反地，汉语的存在句在表示这两类意思时均没有词形的变化。

英汉存现句语义方面的相同点给中国 EFL 学习者习得 there-be 句型带来了一定的便利条件。但是二者在结构形式上的区别，以及在形式和意义匹配上的差异也给学习者造成了困扰。错误四即名词的数和动词的形式不统一的错误表现。错误五和六都与英语存在句中表示"某处有某人干什么"意思时的特殊句型有关。学习者显然受到了汉语的迁移影响，未能成功习得英语的该句型，从而造成了表达上的错误。

错误表现七：*It*（正确形式：There）is no doubt that the social competition is more intense than we think.

错误表现八：I wonder *that*（正确形式：if）taking a job is more realistic.

如上所述，汉语重意合，靠意思连接句子；英语重形合，靠句型完成句子的建构。中国的 EFL 学习者普遍缺乏句型的概念，在口语和书面语表达中经常出现句型混用、乱用的情况。即便经过一定的训练，学习者可以掌握一些英语的特殊句型用法，也会因对语言规则的一知半解造成句型的错用。

4. 语篇错误（Discourse Errors）

第四章　中国 EFL 学习者的中介语错误

中国 EFL 学习者在口语和书面语表达中的另一突出问题是：目标语表达缺乏连贯性和条理性、语言结构松散或不完整。这些问题不是一般的词汇或句法错误，而是语篇的衔接和连贯问题。很多学习者的英语口语和书面语表达虽然没有明显的语法错误，但读起来总觉得不通顺、不连贯、不紧凑。其实，这主要是句与句之间、段与段之间缺乏衔接性和连贯性。

韩礼德和哈桑（Halliday & Hasan，1976）把连贯定义为"用来连接前面提到的东西的各种可能性"。这种"可能性"应该满足听者或读者在理解句子或语篇时的心理预期。因此，一个句子的内部连贯指的是该句的承接、转折、因果等关系与听者或读者的心理预期在方向上基本一致；而语篇的连贯性则更多地依赖于句子之间的有序连接。人们在理解了一句或一段话后就对这一理解形成了记忆，即获取了已知信息。这就使得听者或读者对接下来出现的信息产生心理预期。对听者和读者来说，新出现的信息是未知信息，存在任意性，但它是以已知信息为理解基础的，往往具有一定的指向性，要受到已知信息的制约，因而具有明确的限制。听者和读者对新出现信息的心理预期是否得到满足，满足多少，能够判断句子和语篇是否连贯。

错误表现一：

Do you also feel social awkwardness in your daily life? Have you ever been bothered by how to start a conversation with strangers? Then you might as well give the other person a smile at first sight.

这个错误属于典型的语篇关联错误（coherence errors）。两个问句与陈述句之间的关联并未建立，缺乏必要的桥梁。读者并不能在阅读了这两个问句后，形成对陈述句所表达意思的心理预期。造成这类错误的原因是学习者在使用英语阐述观点时思维过于跳跃，未能注意英语的连贯规则。

错误表现二：

As we all know, there are a great number of languages in the world. In my opinion, a smile is the shortest.

Among all, smiling is the quickest way that brings you the shortest distance to the others.

Smiling can ease people and therefore you can make friends with them easier. According to the research, less resistance is shown when you try to talk with someone with a smile. A simple smile can be the first step to start a harmonious conversation.

Smiling can help you better present yourself as well. A smiling person is always a confident person, whose talk can always convince people. And you can better present yourself and show your advantage.

A smile is a really good weapon. No matter it's used in daily talks or formal lectures. A smile is definitely worth giving.

这个例子中反映出的语篇错误主要是缺少必要的逻辑联系语。英语重形合，其逻辑联系语数量众多，用法广泛，是英语语篇的一个重要标志和特点。所谓逻辑联系语，就是表示句子之间各种逻辑意义的衔接手段。韩礼德（Halliday）和哈桑（Hasan）（1976）[138-140]把英语中的逻辑联系语分为四大类：增加（additive）、转折（adversative）、原因（cause）和时间（temporal），每大类又可以分为很多小类，一个逻辑联系语经常可以表示多种逻辑意义。但是，在这个例子的语篇中几乎没有逻辑联系语，写作者只是按照中文的表达习惯，把一个个的单句罗列起来，让读者产生一种凌乱、啰唆、抓不住重点的感觉。

错误表现三：

In your workplace, the atmosphere is significant. The office which has a silent environment often has low efficiency and poor teamwork. In other words, team spirit and communication are of great importance.

Firstly, team spirit binds people together to gain a general goal. Whenever you are working, you always expect to be accompanied by someone, who can help you a little or even give you a bit of advice. As a result, if you and your colleagues can work together to achieve a goal one by one, it must be more efficient than you just do your own task by oneself. That is the power of team spirit. What about communication? Communication is one of the resources of your inspiration. Your colleagues are probably doing the same or the relevant job with you. Communicating with them may bring you an unexpected surprise.

Great entrepreneurs are willing to cheer their staffs up in order to stimulate their inspiration. So why don't you just make it a fact in your own office?

这个错误例子的问题也与句子之间的衔接有关。在语篇中出现了单词"firstly"之后,直至语篇结束也并未出现读者预期中的单词"secondly"和"thirdly"。反而突兀地出现了句子"What about communication?"及后续的内容,使读者不知所云,摸不着头脑。

错误表现四:

As we all know, education is a worthy way for us to invest. The chart showed that as the higher education people received the higher weekly earnings they would obtain.

It is clear that all major companies prefer to hire highly educated employees. Those who have received higher education will get better ability and vision in all aspects. Education is the judgment of a person's comprehensive quality evaluation, but it doesn't represent all. It doesn't matter how much school education you've had; what matters is whether you have real ability and creativity.

Learning isn't the only way out, however, it must be the simplest way to help us realize our dreams.

在这个语篇中,作者的前后观点并不一致,使读者错愕。第一段显然是作者的论点:教育值得投入,因为受教育水平越高的人获得的回报越多。但是,读者会发现该语篇的后续内容并未紧密围绕这个论点展开。在第二段中,作者先是陈述了"教育水平高的求职者更容易被录用"这一社会现实，似乎与第一段的论点是一致的。然而，作者话锋一转，开始表达起"教育水平高低并不能表明一个人的能力高低"的观点，这显然就脱离了第一段的论点。在最后一段的陈述中，作者显然还在延续第二段后半部分的观点。众所周知，一篇文章的主要论点应该与文中所有其他论点一致。读者应该能找到一条潜在的主线贯穿全文。显然这个语篇没能做到这一点。造成这个错误的原因是由于学习者未能掌握目标语的相应语言规则。

4.3.2 语用失误(Pragmatic Failure)

语用失误指的是人们在言语交际中，因没有达到完满的交际效果而出现的差错。在日常教学中，语言教师经常发现这样一种现象：语言学习者在使用目标语进行交际的过程中，使用了符号关系正确的句子，句子的词汇和句法都是正确的，但是，讲出的话却总感觉不合适、不恰当、不得体，要么是说话的方式不妥，要么是表达不合目标语的表达习惯。这往往是由于讲话人或多多少少地违背了目标语交际语境下的人际规范、社会规约、目标语特有的文化价值观念等，从而使交际行为遇到障碍，导致交际中断甚至失败。

语用失误这一概念最早由托马斯（Thomas）于1982年提出。她（Thomas，1983）从听话人的角度将语用失误定义为"不能理解所说话语的含义"。莱利（Riley，1989）则认为，语用错误是两种文化互动的结果。当适用于一种社会文化规则的交际行为被用在另外一种社会文化规则之中，就会导致语用错误。何自然（1997）[205-207]最早将语用失误理论引入国内。他认为，语用失误是指人们在言语交际中，因没有达到完满交际效果而产生的差错，主要归因于说话的方式不妥，或者不符合表达习惯，或者说得不合时宜。这类错误并不是一般遣词造句中出现的语言运用错误，从而将语用失误与科德（Corder，1971）所提出的语言使用错误（error of performance）区分开来。

托马斯（Thomas，1983）把语用失误区分为"语言语用失误"（pragmalinguistic failure）和"社交语用失误"（sociopragmatic failure）两大类。这一分类方法并非托马斯（Thomas）首创，而是源自利奇（Leech，1983）在《语用学原则》中提出的"语用语言学"（pragmalinguistics）和"社交语用学"（sociopragmatics）两个分支框架。两类语用失误最大的不同就是前者与语言相关（language-specific），后者与社会文化相关（culture-specific）。何自然（1988）[203]认为，"两类语用失误的区分不是绝对的，由于语境不同，双方各自的话语意图和对对方的话语的理解都可能不同，因而某一不合适的话语从一个角度看，可能是语言－语用方面的失误，但从另一个角度看，也可能是社交－语用方面的失误"。刘绍忠、钟国仕（2002）认为语言语用失误和社交语用失误在以下五个方面存在差异：指示对象不同，指示范围不同，特征不同，表现不同，交际效果不同。

胡庚申（2000）[12]将语用失误分为三类："轻微失误"（slight mistake）；"一般失误"（less serious mistake）和"严重失误"（serious mistake）。顾名思义，"轻微失误"对交际效果没有影响；"一般失误"对交际效果有一定的影响但不严重；"严重失误"对交际效果有严重影响。刘绍忠、钟国仕（2001）[34]则把语用失误分成五类：语用个体关联失误、语用社会关联失误、语用语言关联失误、语用认知关联失误和语用文化关联失误。这些不同的分类方式是国内学者在该领域研究的有益探索，但其分类方法从本质上来说并未脱离托马斯的二分法。

在本节中，我们将借助托马斯对语用失误的分类方法，结合教学中观察到的学生出现的语用失误的实例展开讨论，分析这些失误的类型及其产生的原因。

1. 语言语用失误

"语言语用失误指对语言语境把握不当导致的语用失误。"（张巨文，2000）

错误表现一：在一次英语演讲比赛中，学生主持人向师生们介绍一位外教评委时说道：

Ladies and gentlemen, I'm delighted to introduce to you a very beautiful young lady, Miss White. Let's welcome her.

在交际过程中，尽管说话人明白与语言结构相关的各种规则，也能够正确地运用这些规则，但是，不能在表达特定意图或实施具体的言语行为时，使用本族语者在同样场合使用的语言结构，从而出现语言不得体的现象。结合这个具体的例子，可以看出，讲话人没有注意讲话的环境，在介绍外教评委时作出了主观性的评论，使用的"介绍"方式不妥，与"介绍"所要达到的意图也不相称。在这个场合，讲话人只需客观地介绍评委，如："Ladies and gentlemen, I'm delighted to introduce to you Miss White. She is an English teacher of our college and an experienced judge of speaking competition. Let's welcome her."

错误表现二：我国学生从小学学习英语时，就会学习一些日常会话，下边是很典型的一例：

A：Good morning.

B：Good morning.

A：How are you?

B：I'm fine. How are you?

A：I'm fine, too. What's your name?

B：My name is Li Ming.

A：How old are you?

B：I'm eight.

A：Where are you from?

B：I'm from Beijing. Where are you from?

A：I'm from Nanning.

B：How many people are there in your family?

A：Six.

B：Who are they?

A：My grandfather, my grandmother, my father, my mother and my sister.

这是小学英语教材上经常出现的会话练习。为了让初学者掌握一些基本的英语会话，这样的教学内容当时是没问题的。然而，这些教材内容会让二语学习者误认为这就是正常的言语交际，从而不加分辨地拿来使用。在日后的学习和生活中，如果学习者没有获得更多真实的目标语语料，这样的交际方式会被学习者一直使用，以至形成中介语错误。教师在大学英语的教学中就经常发现，很多大学生仍旧使用这样的方式进行口语交际。导致他们的交际内容不连贯，从一个问题跳跃到另一个问题；交际内容不得体，甚至涉及一些隐私问题。当他们遇到对方打招呼时说"What's up？"或"How are you doing？"时就会显得不知所措。当对方说"Thank you"时，不知道应该回应"You are welcome""Not at all""Don't mention it"还是"Never mind"才能契合当时的语境。这个例子也反映出塞林格（Selinker，1972）所提出的中介语成因之一——训练迁移。

2. 社交语用失误

"社交语用方面的失误指交际中因不了解或忽视谈话双方的社会、文化背景差异而出现的语言表达失误"（何自然，1997）[207]。

错误表现一：中国 EFL 学习者经常会在英语课堂上说出"I'm not good at English."或者"My English is very poor."这样的话。有一些英语能力尚佳的学习者也经常这样说。这就是典型的社交语用失误。中国的学习者显然是受到了汉语文化中"谦虚"思想的影响。然而，英语本就是中国 EFL 学习者的第二语言，在语言学习和实践的过程中发生这样或那样的错误本就不可避免，也无可厚非，学习者端正学习态度，积极学习就好，大可不必过于"自谦"和"妄自菲薄"。

错误表现二：获得称赞时，中国 EFL 学习者经常会给出这样的反馈：

A：Your dress is so beautiful！I love the pattern！Look at the colors！How nice！

B：Oh，it's just an ordinary dress that I bought in China. It's very cheap.

显然，此对话没达到完满的交际效果。讲话人的交际目的并未实现。这也是由于过于"自谦"导致的社交语用失误。中国的传统文化崇尚"含蓄"。这导致我们的文化中缺失大方地称赞他人和大方地接受他人称赞的习惯。当别人称赞我们时，很多人下意识地选择回避、甚至"自贬"，以示"谦虚"。

顾曰国先生在《礼貌·语用与文化》（1992）一文中归纳了中国式的

五个礼貌准则：1）"自卑而尊人"与贬己尊人准则；2）"上下有义，贵贱有分，长幼有等"与称呼准则；3）"彬彬有礼"与文雅准则；4）"脸""面子"与求同准则；5）"有德者必有言"与德、言、行准则。

再来看看英语语境下的礼貌原则。英国语言学家利奇（Leech, 1983）根据英国文化的特点列举了六条礼貌原则：1）策略准则（tact maxim）。尽量减少他人付出的代价，尽量增大对他人的益处。2）慷慨准则（generosity maxim）。尽管减少对自己的益处，尽量增大自己付出的代价。3）赞扬准则（approbation maxim）。尽量缩小对他人的批评，尽量增强对他人的赞扬。4）谦虚准则（modesty maxim）。尽量缩小对自己的标榜，尽量夸大对自己的批评。5）赞同准则（agreement maxim）。尽量缩小与他人的不同意见，尽量夸大与他人的相同意见。6）同情准则（sympathy maxim）。尽量缩小对他人的厌恶，尽量扩大对他人的同情。

通过对比不难发现，尽管英、汉语言的礼貌准则有许多相似之处，但是也有很大的区别。贬己尊人是中国式礼貌的突出特点，而英语文化中确并无这一现象。在英语语境中，错误二中这样的回答非常不得体，违犯了英语的礼貌原则，是一种语用失误。

4.4 中国 EFL 学习者的中介语错误纠正策略

国外关于外语教学中的纠错研究始于二十世纪七十年代。研究的焦点主要集中在五个方面：1）是否应该纠正外语学习者的语言错误；2）应纠正哪些错误；3）何时纠正；4）怎样纠正；5）由谁纠正（马冬梅，2002）。本节将就这些问题展开讨论。

4.4.1 对待错误的态度

总的来说，语言学界对待二语学习者语言错误的态度经历了三个发展阶段：零容忍；容忍；理性态度。

盛行于二十世纪五六十年代的对比分析理论认为外语学习是不断地刺激—反映的结果，是一种习惯的建立，因而错误很可能在学习过程中被不断地强化，从而成为学习者新习惯的组成部分。该理论以行为主义心理学和结构主义语言学为基础，强调语言表达的准确性，主张对学习者的错误采取严厉的态度，认为对学习者的错误应不惜一切代价，逐一加以纠正。

二十世纪七八十年代发展起来的中介语理论和错误分析理论却对错误纠正提出了不同的看法。中介语理论认为二语习得是一个重新塑造和重新建构新语言系统的过程，是一个极其复杂的心理过程。学习者在外语习得过程中出现错误是经常发生的情况，不可避免。错误是二语习得者语言系统的组成部分。以转换生成语言学和认知主义心理学为依据的错误分析理论，主张对学习者的错误采取宽容态度。转换生成语言学认为，语言学习是一个不断地提出假设、修正假设，使学习者对语言的认知水平不断复杂化，并逐渐接近成熟的过程。因此，错误不过是学习者在语言学习过程中所做的某种尝试，错误的出现是语言学习过程的内在规律作用的结果，是一种必然现象，教师无须对此给予过多的关注。科德（Corder，1979）认为，"有错必纠"的方法只能对"系统性语言错误"产生一定的效果，对"前系统性错误"和"后系统性错误"则起不到什么作用。克拉申（Krashen，1982）认为，纠正错误会增加学习者的焦虑程度，从而妨碍学习。埃利斯（Ellis，1987）也对错误纠正的效果提出了质疑。赞同交际法的语言学家认为，在交际活动中流畅才是最重要的，也不主张纠正错误。

然而，过于重视语言的流畅度，忽视语言的准确性也会带来新的问题。视错误为自然，纵容错误的发展，学习者学习过程中无意养成的坏习惯就难以根除。一些错误由于未得到及时的纠正就会变得顽固起来，导致石化现象（fossilization）的发生。詹姆斯（James，2001）肯定了纠正错误的必要性。布朗（Brown，1994）认为，纠正性的反馈是完全必要的，不纠正错误就等于强化，学习者就会把这些错误内化。

结合我国英语教学的传统和现状，本书作者认为教师有必要对学习者的语言错误视其类型与性质在适当的情形下采取适当的方式进行纠正。原因有两点：其一，中国传统文化中对教师职责的认知就是"传道、授业、解惑"。这一认知被师生双方广泛接受。"解惑"既包括帮助学习者解决他们在学习过程中产生的困惑和难题，也理应包含指出学习者的错误（特别是那些学习者自身无法认识到的错误），并帮助他们加以改正。在我们的传统价值观中，教师视帮助学生改正错误为己任和职责，学生则对教师的指正和纠错怀有期待。因此，适当适时纠错符合中国的传统价值观和师生双方的心理预期，利好语言教学效果。其二，中国的 EFL 学习者普遍缺乏浸润在英语语言环境中的机会和条件。尽管随着互联网的普及和智能手机的使用便利，中国的 EFL 学习者接触英语的渠道更加多元化，然而，能够主动积极寻求学习机会的学习者毕竟是少数，大多数学习者还是通过课堂这一唯一的途径学习英语。因此，如果学习者的语言错误不能得到教师的及时纠正，这些错误也很难被学习者自己识别和改正，从而成为固化的中介语错误。

4.4.2 教学中的错误纠正

在教学中，哪些错误需要纠正？哪些错误可以忽视？哪些错误需要立即纠正？哪些错误可以延时纠正？怎样纠正错误？由谁来纠正错误？这些问题都需要语言教师认真对待，并在具体情况下灵活掌握。

1. 纠正什么样的错误

詹姆斯（James，2001）认为，首先要区分错误的频率和密度，并使用可理解程度（comprehensibility）作为错误严重性的评估标准。错误的频率是指某个语言单位内同一错误的出现次数，密度则指某个语言单位内不同错误的密集程度。高错误密度给听者／读者造成更大的理解困难。

何广铿（1995）[64-66] 提出，针对不同的错误类型和错误发生的不同起因，教师应该采取不同的方式和方法去对待学生的错误。对于语言系统形成前的超发展阶段错误，教师不用多作解释，指出说法不对并提出正确说法即可；对于系统的语言错误，教师应善于引导，不但应给予正确的说法，而且需加以解释，以使学生对规则有完整的理解；对于系统形成后的错误，教师可提醒学生注意，更重要的是提供多一些语境和机会，使学生能多使用语言，在运用中掌握语言。

因此，本书作者认为语言教师要侧重纠正学习者在语言内容上的错误和全局性错误，对形式上和局部性错误，可以采取宽容的态度；对侧重和强调语言的准确性的活动中出现的错误应立即纠正。在日常教学中，教师要尤其注意学习者的句法错误，因为这类错误属于更严重的中介语错误，会对语言表达的可理解性造成较大影响，而且学习者一般不具备识别这类错误的能力，会极大地影响学习者的中介语发展和目标语习得。因此，当学习者出现主谓不一致、系动词缺失/冗余、时态不一致、流水句等错误、常用特殊句型错误时，教师应第一时间予以纠正。同样的道理，涉及名词、动词、形容词、副词等词汇方面的错误也应及时得到纠正，因为这些词汇在学习者的口语和书面语表达中使用的频率更高，一旦错误固化就会形成中介语的石化现象。对于严重性不强的错误，如语音错误、语篇错误或语用失误，在不影响学习者的口语交际时，教师一般可以采取宽容的态度。但是，如果进行语音专项训练或者学习者的语音错误已经严重影响到其听力理解和口语表达，教师也必须及时予以纠正。

2. 何时纠正错误

纠正错误的时间一般分为立即纠正和延时纠正两种。立即纠正很好理解。这里主要解释一下延时纠正。国内外有些语言学家和教师反对立即纠错，其理据主要有以下几点：1）立即纠错有可能造成学习者的心理压力，让他们在同学面前感到尴尬；2）纠错会打断口语交际的流利性，得不偿失；3）某些小错误并不会干扰交际活动，而且也不易察觉。当然，延时纠错也存在一些弊端，例如，延时纠错时缺乏实时语境，即使教师针对学习者的错误进行了书面记录，也可能会因为笔记的遗漏和不够详细而使纠错效果大打折扣。更主要的是，延时纠错使学习者失去了自我纠正的机会。

那么，语言教师应该何时纠错呢？对于这个问题，可以从两个方面进行考量：一方面，教师要明确教学活动的性质。如果是以掌握知识语言点为目的，如语音训练、词汇练习、语法练习等，对于学生在练习中所犯的主要、严重的错误，教师需要及时打断学生加以纠正。此时，学习者对于被纠错也有心理预期，不会产生过多的失望和焦虑情绪。如果是以交流性为目的口语交际练习，如课堂展示、小组讨论、课堂辩论、情景模拟等口语活动，教师应优先保证交际的顺利进行，不宜轻易打断学习者。另一方面，教师也要善于观察学习者的心理状态和个性特征，尊重学习者的个体差异和偏好。如果教师预计实时纠错会挫伤学习者的学习积极性，阻碍学习者的交际愿望，立即纠错就不是明智的选择。对于这样的学习者，教师应尽量采用课下纠错等办法进行弥补。如确需纠错，也应注意措辞和语气。

3. 怎样纠错

根据纠错主体的不同，错误纠正可以被分成三类：教师纠错；学习者自我纠错（由教师指出错误，给学习者自我纠正的机会）；同伴纠错。

教师纠错的方式主要有明确纠正法、部分重说法和形式协商法三种（赵晨，2005）。明确纠正法即教师公开指出学生错误。部分重说法指的是教师部分重复学生的话语，并对学生话语进行重新编排，使之更加准确。形式协商法把说话权交还给学生，给学生提供了自我纠错的机会。利斯特（Lyster）和兰塔（Ranta）（1997）将该方法进一步细分为：诱导法（elicitation），即教师通过一些方法诱导学生注意到自己的语言错误并加以更正；元语言信息法（metalinguistic clues），教师提供评语，让学生查找自己的语言错误；要求澄清法（clarification request），教师要求学生澄清自己话语中的语言错误；重复法（repetition），教师用升调重复学生的语言错误，要求学生更正。

詹姆斯（James，2001）[251]指出，纠正错误要注意学习者的情感因素。关键之处在于错误纠正应该是不威胁面子的。众所周知，最没有威胁性的错误纠正方式是自我纠正。因此，当学习者犯错误时，教师可先通过表情、语气、肢体动作等方式暗示学习者，让他们有机会进行自我纠正，从而减少他们被纠错的心理焦虑。另外一种缓解学习者焦虑情绪的纠错方式是集体纠错。对于共性错误，教师可以采用集体纠错的方式。对于一些可能不是共性错误，但性质比较严重的错误，教师也可以采用不点名的集体纠错方式，保全个体学习者的面子。教师如果采用同伴纠错的方式，须注意学习者的英语水平应基本相当，尽量避免出现一方"始终被纠错"的情况出现。

第五章　中国 EFL 学习者的中介语交际策略

尚未完全习得目标语的二语习得者，尤其是初学者，在使用中介语进行交际的过程中，一定会遭遇不知如何表达的情况。学习者该怎样解决这样的困境？回避，是一种处理方式。如果无法回避呢？许多二语学习者会采用迂回等手段来达到交际的目的。回避或迂回都是学习者采取的一种交际策略（communicative strategy）。本章将梳理国内外有关交际策略的研究，重点集中在介绍关于交际策略的界定、类型、影响因素、交际策略对中国 EFL 学习者中介语的影响，以及培养中国 EFL 学习者交际策略的途径。

5.1　交际策略的定义

交际策略是语言学习者在对目标语知识和规则掌握有限的情况下，遇到交际困难时为弥补其语言知识不足而不得不采用的方法或策略。这一术语是塞林格（Selinker）1972 年在他发表的论文"中介语"（interlanguage）中提出来的。这个概念一经提出，二语习得领域研究者的兴趣，对此提出了各种不同的观点。本节将按照历时的顺序梳理、介绍国外和国内主流的、有代表性的定义。

国外研究方面，塔隆（Tarone）多次修正了自己对交际策略的界定。塔隆（1977）提出，交际策略是当语言结构不足以表达其交际意义时，说话人（speaker）为了克服交际危机而有意采取的补救举措。可见，塔隆没有将交际策略的使用局限在二语学习者上，其定义中的"说话人"既可以是二语学习者，也可以是母语使用者。三年后，塔隆（1980）对交际策略提出了进一步的解释：交际策略是交际双方在缺少表达意义所需的语言共同结构时，就意义相互而达成的协议。也就是说，交际策略实际上是用来填补二语学习者的目标语语言与本族语者语言之间的空缺，其特点是交际双方"为达成意义一致而进行的协商"（Tarone，1981）。可见，塔隆并不太关注学习者的目标语知识不足的问题，而是从交际双方的互动（interaction）角度定义交际策略，强调了"协商"在交际中的重要性。该定义的不足之处在于，只关注学习者在交际行为中表现出来的策略，忽视了非言语交际场合的策略选择，例如，在内心独白的情境下，也存在交际策略的使用。

科德（Corder，1983）认为，交际策略是说话者在遇到交际表达困难时，为了达成交际目的而采用的一整套呈现系统性的技巧（systematic technique）。这个定义包含三个要点：1）不同的交际策略彼此关联，构成系统；2）交际中的表达困难是学习者使用交际策略的直接原因；3）既然交际策略是一种技巧，那么对其的使用一定存在个体差异。值得注意的是，尽管科德主张交际策略的使用涉及理解和表达两个方面，但是在他的定义中看不出对理解层面交际策略的关注。

Faerch & Kasper（1983）[36]认为交际策略是交际者（an individual）在交际过程中遇到了困难，为了达到特定的交际目标而采取的潜在意识性（potentially conscious）的计划。该定义是从心理语言学的角度出发，认为交际策略是潜藏在具体语言行为背后的心理现象，在交际的过程中，策略只是一种弥补语言交际困难的心理计划（王立非，2000）。这个定义强调了交际策略的两个属性：1）问题针对性（problem-oriented）；2）有意识性（consciousness）。"问题针对性"意味着交际策略是在说话人因目标语知识和规则不足而无法执行原定计划不得不采取的行动；"有意识性" 是指交际策略的使用是交际参与者有意识的行为。也就是说，在交际活动中，讲话者先是意识到了交际困难的存在，然后才有意识地寻找解决问题的办法和手段。"有意识性"能不能作为定义交际策略的必要标准？对这个问题的理解存在争议。有研究者认为，交际者是否"有意识"的判断标准不同，有时难以明确区分，交际者也不一定都能意识到自己在使用某种交际策略。尚无明确的手段可以确定交际者运用哪些交际策略是有意识的，哪些是无意识的。此外，该定义的主语是"交际者"而不是"二语学习者"，这说明 Faerch & Kasper 也认为交际策略的使用者不局限于二语习得者,也包含母语者在内。

斯特恩(Stern,1983)[411]对交际策略的定义是:在尚未完全掌握目标语知识和规则前,为解决交际中的困难所采用的技巧。显而易见,斯特恩将交际策略的概念限定在了二语习得的框架内,而且该定义从说话人的角度出发,将交际策略理解为说话人使用的一种技巧。该定义的不足之处在于忽视了母语交际中也同样存在使用交际策略的情况。

埃利斯(1985a)[182]将交际策略定义为:一种语言心理计划,是语言使用者交际能力(communicative competence)的一部分,该语言心理计划具有潜在意识性的特点,可作为替代手段,帮助二语学习者实现某一表达计划。这个定义最大的特点是明确了交际策略是交际能力的组成部分之一,这对进一步认识语言能力和交际能力的本质具有十分重要的意义。与斯特恩(Stern,1983)[411]一样,埃利斯也认为交际策略是二语习得中的一个范畴。与Faerch & Kasper(1983)一样,埃利斯也赞同交际策略是一种心理计划,且具有潜在的意识性,对交际策略的心理学意义阐述较为完整。此定义的不足之处也很明显:1)忽视了母语交际中的交际策略运用情况;2)只强调了二语学习者在表达层面使用交际策略的情况,忽视了学习者在理解层面(听话过程)中也有可能使用交际策略的情况。

布朗(Brown,1987)[118]将交际策略界定为:学习者在交际的某个阶段,由于目标语知识的不足而有意识地运用言语或非言语手段以图达成交际目标。与前人的研究不同,布朗的定义强调了言语(verbal)和非言语(nonverbal)两方面的交际手段,同时该定义还包含了交际策略的五个基本要素:短暂性、意识性、选择性、问题性以及意图性,较为全面合理。但该定义也没有关注交际活动中理解层面的交际策略运用。

比安利斯托克(Bialystok,1990)[158]认为,交际策略是交际者为了解决二语或外语交际中的困难而有目的、有意识地采取的策略。不难发现,该定义与之前的一些定义存在共性。一方面,该定义与Faerch & Kasper(1983)[36]的定义类似,都是从心理语言学视角理解交际策略,强调交际策略的使用是交际者有目的的行为。另一方面,该定义与斯特恩(1983)[411]的定义一样,将交际策略限制在二语或外语交际的范畴内,忽视母语交际中也同样存在和使用交际策略的情况。

普利斯（Poulisse, 1990）[22] 对交际策略的定义是：交际策略是语言学习者在话语设计的阶段，由于目标语知识和规则的缺陷而遭遇交际困难时不得不采用的补救措施。普利斯的观点与 Faerch & Kasper（1983）[36]的观点相似，都强调了交际过程中出现的交际困难（Problembility）是语言学习者运用交际策略的前提和原因。此外，普利斯的定义还强调了两个要点：1）学习者的语言知识不足是导致交际困难的原因；2）语言学习者所采用的交际策略属于补偿策略（compensatory strategy）而不是减缩策略（reduction strategy）。这主要是由于，普利斯认为，在交际过程中，当语言学习者遭遇困难，他们必须致力于解决问题，而不能回避问题。同样地，该定义也未将言语理解层面的交际策略运用和母语交际过程中的交际策略使用考虑在内。

利特尔莫尔（Littlemore, 2003）的交际策略定义言简意赅：交际策略是语言学习者为了提高交际效率而采取的各种措施。随后，他将交际策略进一步分类为：补偿策略；互动策略。补偿策略不难理解。互动策略要求交际双方均需对交际结果和过程负责。这个定义与以往定义不同之处在于：在交际过程中，语言学习者使用交际策略，不一定是因为他们遭遇了交际困难，也有可能是为了提高交际效果而为之。

国内研究方面，对"交际策略"概念较早进行讨论的学者是戴曼纯，在其论文"第二语言习得者的交际策略初探"中，戴曼纯（1982）总结了国外学者有关交际策略的观点，将"交际策略"重新定义为"一种系统化的技巧，是在遇到交际困难时为了达成交际目的做出的努力"。高一虹（1982）在论文"语言能力与语用能力的联系"中，对"交际策略"做出如下解释："交际策略是自发表达能力欠缺、交际意图传达受阻时人们有意识的补救措施，是语言学习者交际能力的体现。"九十年代，戴炜栋、李刚两位学者对交际策略的含义进一步进行了阐释。戴炜栋（1994）的定义是：交际策略指"语言学习者在遇到由于语言资源有限而无法表达某些信息的情况时，为了克服交流障碍而采取的技能"。李刚（1999）年详细解读了约翰·普拉特（John Platt）的"交际策略"定义，认为交际策略是指"在人际交流中包括言语规约（verbal rule-governed）和非言语规约（non-verbal rule-governed）在内的规约，一方面用以交换人际关系，另一方面用以建立或重新建立人际关系"。进入二十一世纪后，国内针对"交际策略"的相关研究显著增多，国内学者试图完善"交际策略"的定义，但其研究大多数没有超出上述国外研究的范畴。

由上我们不难看出，以上学者的定义各有侧重，研究视角也不尽相同。从众多定义中，我们可以总结出"交际策略"至少包含以下几个关键要素：1）目的性（problem-oriented），交际策略的使用是交际者有目的的行为，是为了解决交际过程出现的困难和问题，大多数学者认可造成困难和问题的原因是交际者的语言知识不足；2）有意识性（potentially conscious），交际者使用交际策略是有意为之的行为，是交际者在主动寻求解决交际困难、达成交际目标的办法；3）交互性（interactive），交际策略并非单方面使用，交际双方均会参与其中，双方通过协商，完成交际策略的使用，实现交际目标；4）有计划性（planning），交际策略的使用并非漫无目的，而是依据不同的交际场景，交际双方有选择性的言语或非言语行为。

尽管想要定义"交际策略"并非易事，本书作者还是尝试定义如下：交际策略是在言语交际的表达和理解的过程中，交际双方在某一特定语言环境下由于缺乏共同理解的语言结构知识，为了有效地实现交际目标而有意识、有计划性地采用的系统性技巧。

5.2 交际策略的类型

交际策略的分类方法与它的定义方式有着密切的联系，从前文（第5.1节）可知，目前学界关于交际策略的定义，尚未有统一的标准，因此对于交际策略的分类方法也相应地出现多角度、多层面的特点。本节将按照历时的顺序梳理、介绍国外、国内有代表性的有关交际策略类型的观点。

外国研究方面，关于交际策略分类具有代表性的观点有10种，下面按照时间顺序做简要介绍。

5.2.1 瓦拉迪的内容调整分类

通常认为，瓦拉迪（Váradi）1973 年在第六届罗马尼亚语—英语语言学项目会议（The 6th Conference of the Rumanian-English Linguistics Project）上所做的演讲是对交际策略（主要是信息调整类策略）的第一次系统分析。该篇演讲直到 1980 年才以论文的形式发表。瓦拉迪（1980）在他的研究中尝试对二语交际策略（主要是信息调整策略）进行系统分类，分类详情见图 5-1。

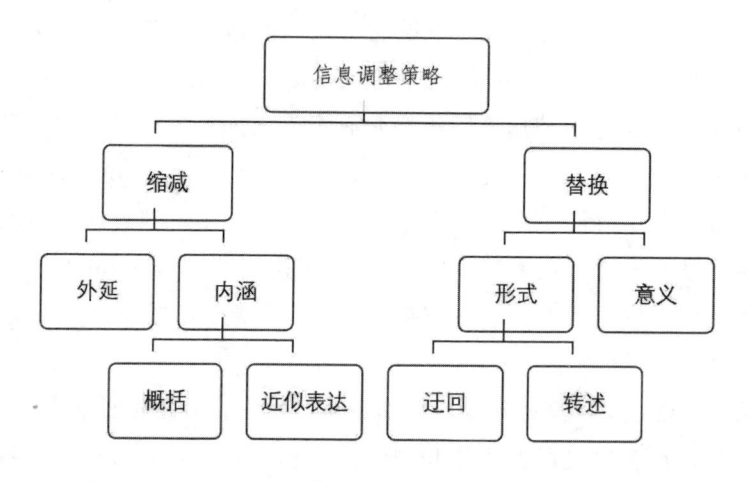

图 5-1 瓦拉迪（Váradi, 1980）的内容调整策略分类

瓦拉迪（Váradi, 1980）认为，在日常二语交际中，学习者的意思表述分为两种：1）如果学习者的中介语系统中有现成的、可供使用的表达手段，那么表达的信息就是实际的信息。2）在某些情境下，当学习者无法找到恰当的目标语语言形式进行表达时，他们会以缩减（reduction）或替换（replacement）的方式调整交际目标以适应自身的二语编码能力，这样传递的信息就是经过调整的意义。调整意义又可分为两种方法：意义的缩减（meaning reduction）和意义替换（meaning replacement）。意义缩减是指交际者牺牲部分原始意义或缩减预期意义，即实际表达的意思少于原定表达的意思，相当于意思的简化。例如，仅保留句子的主干部分，省略修饰成分或附带成分（因其对意义的传递影响较小）。意义替换是指全部或部分地进行替换原本的意思表述，通常的原

因是交际者当下的语言能力无法胜任表达预期意思的任务，可以理解为"换个意思"。瓦拉迪认为，通过形式上的调整（包括形式缩减和形式替换），学习者通常可以找到令他们满意的语言形式完成交际。

如图 5-1 所示，具体而言，缩减策略包括外延（extensional）缩减和内涵（intentional）缩减。外延缩减是指"部分意义的消除，表现为省略目标语语言的某些特定特征"。例如，英语学习者在描述这样一个人时，用"a woman of 30 with curly hair"（一个 30 岁、留着卷发的女人），由于目标语知识不足，会直接调用"a woman"（一个女人）进行表达。内涵缩减是指学习者选择的语言形式，虽然其意义与想要表达的正确词汇意义相关，但却达不到最佳表义，由此而导致的表达准确度的降低。例如，学习者想表达"spokesman"（发言人）的意思，因目标语知识不足转而调用"man"（人）进行表达。概括（generalization）和近似表达（approximation）是内涵缩减的两种手段。概括（generalization）是指使用上义词（superordinate）来指代其下义词（subordinate），例如用"fruit"（水果）来指代"watermelon"（西瓜）；近似表达（approximation）是指通过解释目标语词汇中的部分语义意思，从而实现最佳语义的构建，例如，英语学习者想表达"balloon"（气球）时，选择用"air ring"这个表达形式。形式的缩减包括对词语、短语和句式的省略；形式的替换是指采用迂回（circumlocution）、转述（paraphrase）等手段来表达所传递的交际信息。

可见，瓦拉迪（Váradi，1973，1980）交际策略的分类依据有两个：1）调整意义；2）调整形式。他的模式强调两组对立的概念：意义和形式；缩减和替换。瓦拉迪是交际策略研究领域的奠基者，对该领域的研究贡献巨大，他的交际策略分型对后来的研究者，尤其是塔隆（Tarone）的分类研究颇有指导意义。

5.2.2 塔隆的形式分类

塔隆（Tarone）也是较早研究二语交际策略的学者之一。他对交际策略展开了实证研究。该研究采用观察法，研究不同的二语习得者如何解决特定的交际问题，进而对交际策略进行分类（Tarone，1977）。研究对象是九名成年英语学习者，分别来自三种不同的母语背景。研究人员给受试者两幅简单的图画和一幅复杂的图画，要求受试者分别用母语和英语描述这三幅画的内容。完成数据收集后，研究人员对学习者的记录进行分析，找出学习者在相同的交际难度下所采用的交际方法。塔隆的这一研究范式对交际策略研究做出了重要贡献，后续许多研究者都采用了词研究方法或在此基础上进行改良（Bialystok，1990）[3]。塔隆（1977）将交际策略分为五类：1）回避策略，可进一步细分为回避话题和取消信息；2）转述策略，可进一步细分为近似表达、造词、迂回；3）有意识的迁移策略，可进一步细分为母语直译和语码转换；4）求助策略；5）手势语策略。四年后，塔隆（1981）改进了原先的分类方式，从交际功能的角度，总结了五种常用的交际策略，具体内容请见图5-2。

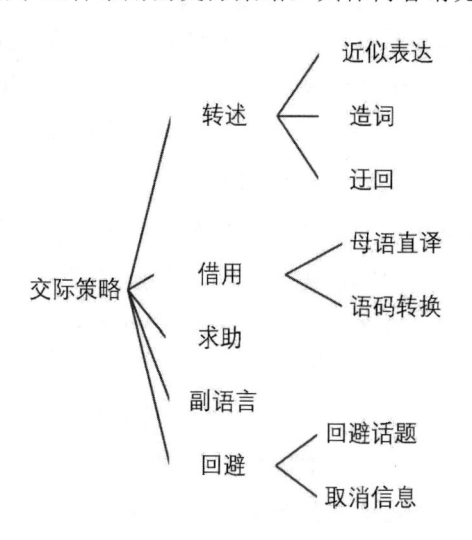

图 5-2 塔隆（1981）交际策略的形式分类

在塔隆（Tarone，1981）的五种交际策略中，其中三个交际策略（转述、回避、借用）被进一步分类。第一种交际策略是"转述策略"（paraphrase）。塔隆认为，转述策略是指，在一定的交际语境中，当学习者找不到合适的形式或结构表达时，调用另一种可以接受的语言形式进行表达的策略。这是一个很宽泛的概念。塔隆接着将"转述策略"细分为"近似表达"、"造词"和"迂回"三个子项。近似表达（approximation）的意思是："学习者自知所选用的词汇或短语是错误的,但是该选项的语义足以让学习者表达其预期意思。"可以理解为,这样的表述虽不正确,但也不影响交际目标的实现。这种替换可以是概念正确但层次不同,也可以是不同事物(但应具备参考价值)。例如,中国的EFL学习者通常不会区分"cheese cake"(乳酪蛋糕)和"cream cake"(奶油蛋糕)这两个词,都用"cake"(蛋糕)进行表达,虽不准确,但在大多数情况下,并不影响交际活动的顺利进行。造词(word coinage)的意思是,学习者为了表达某一概念而造出一个新词。这在中国EFL学习者的日常表达中经常出现。例如,在表达"一次性塑料袋"这个语义时,中国的EFL学习者会使用"one-time plastic bag"来替代其正确的表达"disposable plastic bag";用"speed noodle"替代"instant noodle"(速食面)等等。迂回(circumlocution)的意思是,学习者不知道某个词汇或结构的正确表达式,但是他们可以通过对该事物进行描述的方式来达成交际目的。例如,中国的EFL学习者不知道单词"蛋黄"的英语表达"yolk",他们会通过描述的方式实现表达:"the yellow part in the egg";再比如,用"my grandfather's father"来表示"my great-grandfather"(我的曾祖父)。

在塔隆的分类中,第二种交际策略是"借用策略"(borrowing)。该策略又分为母语直译(literal translation)和语码转换(language switch)两种子类型。"母语直译"是指学习者按照逐字对译的方式将母语翻译成目标语。这是中国的EFL学习者经常使用的一种交际策略。例如,把"好好学习,天天向上"翻译成"*Good good study, day day up.";把"我非常喜欢……"翻译成"I very like…"。"语码转换"是指,学习者舍弃母语直译,直接使用母语中的一些词汇或结构进行交际表达。比如中国的EFL学习者在学习初始阶段会有这样的表达"*I usually do sports at weekends, such as playing football, swimming and 滑滑板"。

第三种是"求助策略"(appeal for assistance)。当学习者的交际对象是权威(如,本族语者和语言教师等)时,他们经常会使用求助策略。例如,中国的EFL学习者可能会直接救助于课堂教师:"How to say it in English? What do you call it in English?"(这个用英语怎说？）。

第四种是"副语言策略"（mime）。副语言策略指那些为了实现交际目的所使用的一切非言语手段，例如表情、模仿、手势语等等。在这个策略的使用上，也体现了文化差异和习惯的不同。例如，中国的EFL学习者一般很少用"耸肩"的动作来表示"无可奈何"或"我不知道"的意思；他们也很少做出非常夸张的肢体动作。在下一节中，我们将分析原因。

第五种是"回避策略"（avoidance）。如果学习者在交际的过程中，意识到他可能会犯错误，最有可能采用的方法就是回避策略。在塔隆（Tarone，1981）的实验中，当被试者缺少表达"mushroom"（蘑菇）的词汇时，最多采用的交际策略就是回避。塔隆又把回避策略细分为回避话题（topic avoidance）和取消信息（message abandonment）。"回避话题"是指交际者因为对自己的语言能力心中有数，而有意回避自己不熟悉或不擅长的话题和词汇。"取消信息"是指交际者不经意提及某些话题而又迅速转向其他话题，通常是因为他们的语言能力不足或发觉对该话题无法做深入讨论。但需要注意的是，尽管"回避"也是一种交际策略，并且可以作为保持交际继续进行的一种手段，对于语言学习者来说并不是一件好事。如果一个学习者总是在回避交际困难，他就很难提高语言表达能力。

塔隆（1981）按话语功能将交际策略进行分类。他的分类方法也被称为社会交互策略（social international strategies）。该分类打造了交际策略分类的基本框架。优点在于简洁明了；不足之处在于，分类依据不够明确，某些交际策略之间存在同质化的倾向。例如，"迂回"和"造词"这两个策略，在交际中有时二者内在的认知过程是相同的：例如，想表达"plastic surgery"（整形手术）时，学习者可能会用"face operation"进行表达（使用了造词策略），也可能会用"an operation that can make people more beautiful"进行表达（使用了迂回策略）。可以看出，尽管使用这两种策略后，学习者呈现的表达形式不同，学习者的心理认知过程并没有本质上的区别。

5.2.3 科德的话语功能分类

科德（Corder，1983）的分类方法着眼于交际策略的话语功能，引入了话语交际意图的概念。该方法认为语言学习者在进行交际时总是朝着一个既定的交际目标前进，为了实现该目标会在众多的交际手段中做出选择。当学习者无法实现交际目标时，他们就会面临两种选择：1）调整交际目标，选择自身拥有足够表达手段的、更容易完成的交际目标；2）改变实现交际目标的方法，也就是选择其他能够使其实现交际目标的表达方式。科德将第一种选择的处理方法叫作信息调整策略（message adjustment strategies）或风险回避策略（risk avoidance strategies），将第二种选择的处理方法叫作资源拓展策略（resources expansion strategies）。这两类策略还可以再析出若干具体的表现形式。科德（1983）交际策略的话语功能分类关系，详见图5-3。

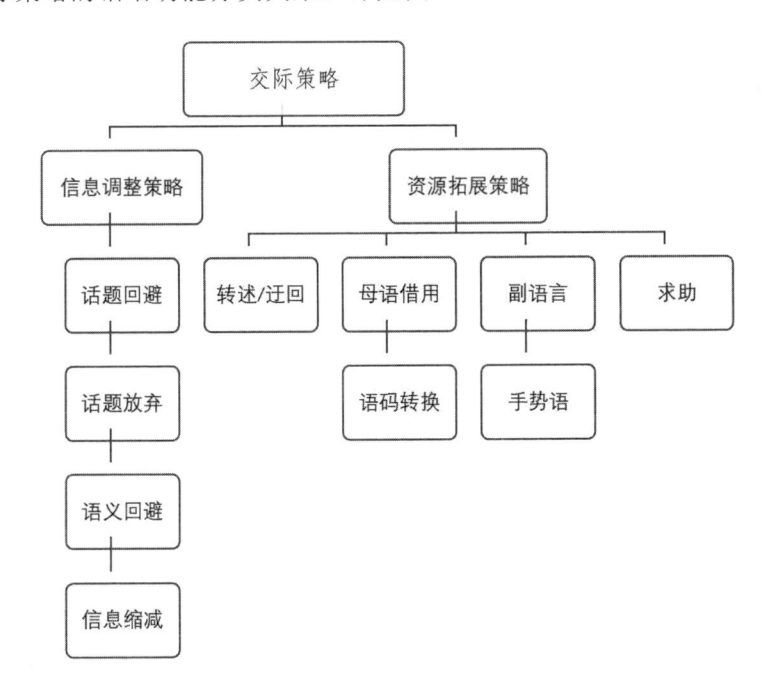

图5-3 科德（1983）交际策略的话语功能分类

科德（1983）交际策略的分类方法主要分为两大类："信息调整策略"（message adjustment strategies）和"资源拓展策略"（message adjustment strategies)。"信息调整策略"即调整讲话人表达的信息内容，使意思表述与学习者的语言水平相符。学习者可以采用一系列的手段对所表达信息进行调整，如话题回避、话题放弃、语义回避、信息缩减等。例如，说话人对与运动相关的词汇和事件比较熟悉，在外语交际中就多提及和谈论这方面的话题，对不熟悉的其他话题就采取回避的方法，尽量不谈或少谈。我们可以观察到，儿童在交流时经常采用"信息调整策略"，当他们的语言表达尚不足以涵盖所有的事物或事件时，他们就会选择谈论那些他们熟悉的、使用现有的语言水平就能表达得清楚的事物或事件。

"资源拓展策略"以交际成功为导向（success-orientated），因为任何拓展资源（主要是语言手段）的尝试都存在一定的风险性，即都存在着出错的可能，这也就意味着学习者在采用此类交际策略时要承担交际失败的风险。例如，语码转换（language switch）对二语学习者来说是一种有效的交际策略，但对听者来说可能无效。当听者同为二语者时（如，二语课堂环境，教师与学习者母语背景相同），该交际策略有效；如果听者是目标语母语者时，说话人转用母语进行表达无异于极大增加了交流的难度，这种方法就是无效的交际策略，也最容易导致交际的失败。这种情况下，如果改用转述手段（paraphrase strategy）变换一种说法继续交际可能会更有效。此外，用副语言策略（mime），例如手势语，同样存在交际风险（如，听话人错误理解手势的意思），交际成功的可能性并不确定。

科德（1983）将交际意图概念引入了交际策略的分类方法，以说话人是否改变交际意图作为标准，将交际策略分为信息调整和资源扩展两大类，分类依据清晰、明确。此外，从图3还可以看出，科德对信息调整策略的各种手段和方法的调用是有先后次序的排列，即存在一个信息调整策略调用的先后层级次序（hierarchy）：话题回避策略（avoidance）的使用频率最高，信息缩减策略（message reduction）的使用频率最低。在资源扩展策略方面，科德则认为可以同时调用一种或多种策略进行交际。但是，这一分类方法的局限性在于忽略了交际过程中的理解阶段（听话人）的策略使用情况。

5.2.4 Faerch & Kasper 的心理分类

Faerch & Kasper（1983）[36]从心理语言学的角度对交际策略进行了分类。他们认为，说话人可以通过采用回避行为（avoidance behaviour）或求成行为（achievement behaviour）的途径来解决交际问题。"回避行为"是指通过调整交际目标，达到解决交际困难的目的。"求成行为"是指通过直接制定替代计划从而实现解决交际问题的目的。基于这个理念，Faerch & Kasper（1983）[36]把交际策略分为缩减策略（reduction strategies）和求成策略（achievement strategies）两大类。Faerch & Kasper（1983）[38-52]交际策略的心理分类，详见图5-4。

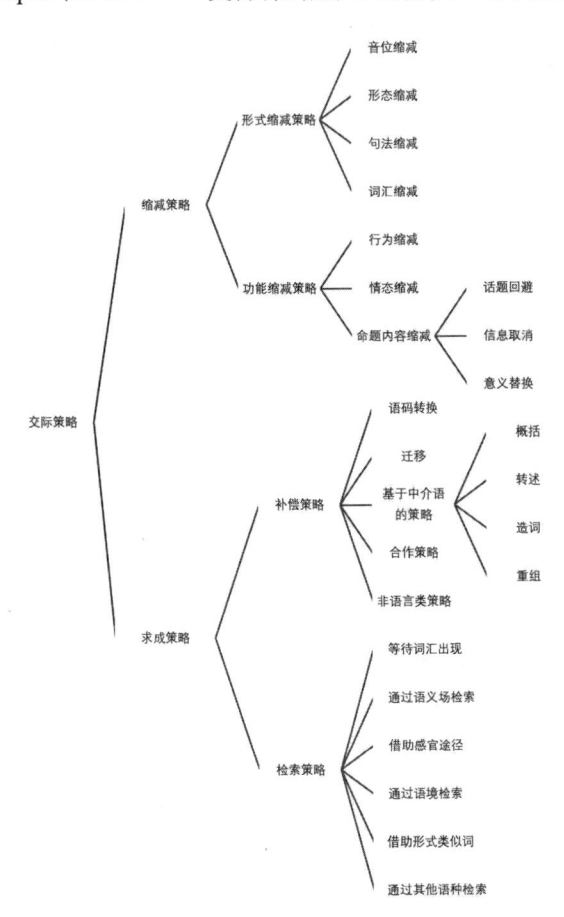

图 5-4 Faerch & Kasper（1983）[38-52] 交际策略的心理分类

Faerch & Kasper（1983）的分类以二语习得理论为基础，具有明显的心理语言学特点，将交际策略放在二语习得者语言输出过程的总框架中进行研究，提出了详尽的分类。心理语言学认为，当学习者遇到交际问题时，他可能采取两种办法：一种是避开困难，跳过障碍；另一种方法是求助于其他表达手段。据此，Faerch & Kasper 将交际策略直接分为两大类：缩减策略和求成策略。"缩减策略"又可以进一步细分为形式缩减策略（formal reduction strategies）和功能缩减策略（functional reduction strategies）。"形式缩减策略"是指学习者在交际过程中为了减少错误，让交际活动更流畅，转而调用那些他们更熟悉的、更简单的、更有把握的语言形式进行交际。"功能缩减策略"是指学习者在交际中预估到将会出现交际困难转而采用的一种策略，采用的方法可包括行为、情态或交际内容等方面的回避。Faerch & Kasper 认为，由于采用"缩减策略"时，学习者通过回避的手段改变了预期的交际目标，因此一般不会产生二语习得的效果；而"求成策略"使用就是一个学习者进行"假设—验证"的过程，因此求成策略的使用有可能促进学习者二语水平的提升。

一年后，Faerch & Kasper（1984）调整了两大类交际策略下的子项：将求成策略下的检索策略（retrieval strategies）更改为不合作策略（non-cooperative strategies），将补偿策略（compensatory strategies）更改为合作策略（cooperative strategies）。因为在两人看来，说话人为了实现交际目标而采用求成策略时，面临着两种选择：1）更换一种语言表达方式；2）寻求交际对象的帮助。采用第一种选择就是使用了不合作策略，采用第二种选择则是使用了合作策略。此外，Faerch & Kasper（1984）还对这两大交际策略的分类子集进行了增补和删减，此处不再赘述。

Faerch & Kasper（1984）依据学习者语言输出过程中的心理特征对交际策略进行分类，同时也参考了交际策略对二语习得的效用，因此该分类方法也被称为心理策略模式（psychological strategies）。该分类方法的分类标准明确，分类具有合理性，也较为详尽。其不足之处在于某些类别的策略之间存在重叠和含义混淆的地方。例如，形式减缩与功能减缩、求成策略的区分存在重叠混淆的地方。"音位减缩策略"和"词汇减缩策略"同属于"形式缩减策略"。先来看"音位减缩策略"存在的问题。首先，在实际交际中，说话人使用该策略的情况并不常见。这是因为，遇到发音困难时，学习者一般会选择其他相近音素进行替代处理，而不是"缩减"使用不完整的音节进行发音。这一点也得到了 Faerch 和 Kasper 的认同。因此，"音位减缩策略"似乎更应被列入"功能缩减策略"子分类里的"意义替换策略"里，而不是目前的"形式缩减策略"里。再来看"词汇减缩策略"的问题。当一个学习者遇到词汇表达困难时，他有两个选择：1）替换一个词语或借助非言语手段进行表达；2）放弃采取任何的弥补措施。这一点也得到了 Faerch 和 Kasper 的认可。如果学习者采用了第一个办法，也可以被看作是使用了"求成策略"，第二办法则与"功能减缩策略"子分类里的"话题回避策略"相似。

5.2.5 帕里巴科特的途径分类

帕里巴科特（Paribakht，1985）针对说话者的语言水平与交际策略之间的关系展开实证研究，对交际策略进行了更为详尽的研究和分类。根据说话者交际过程中所运用的知识类型，帕里巴科特将交际策略分为四大类：语言策略（language approach）、语境策略（contextual approach）、概念策略（conceptual approach），以及副语言策略（mime approach）。帕里巴科特（1985）关于交际策略的具体分类，详见图5-5。

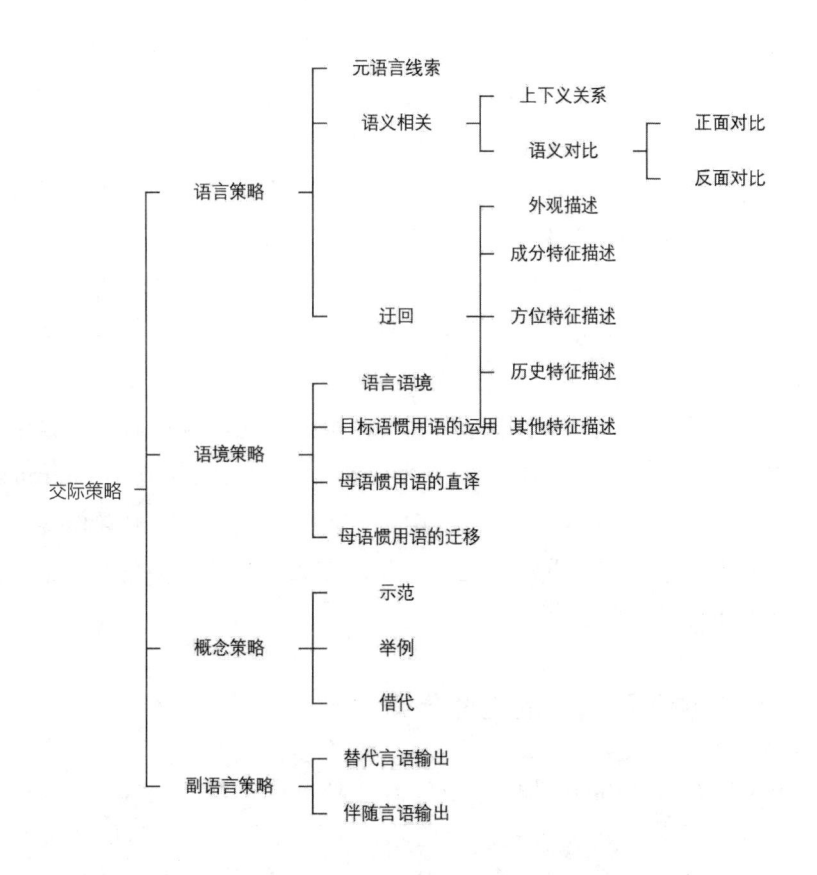

```
                              ┌── 元语言线索
                              │              ┌── 上下义关系
                  ┌── 语言策略 ┤  ── 语义相关 ┤             ┌── 正面对比
                  │           │              └── 语义对比 ┤
                  │           │                           └── 反面对比
                  │           │              ┌── 外观描述
                  │           │              ├── 成分特征描述
                  │           └── 迂回       ├── 方位特征描述
                  │                          ├── 历史特征描述
                  │           ┌── 语言语境   └── 其他特征描述
                  │           ├── 目标语惯用语的运用
     交际策略 ────┤── 语境策略┤
                  │           ├── 母语惯用语的直译
                  │           └── 母语惯用语的迁移
                  │           ┌── 示范
                  │── 概念策略├── 举例
                  │           └── 借代
                  │              ┌── 替代言语输出
                  └── 副语言策略┤
                                 └── 伴随言语输出
```

图 5-5 帕里巴科特（1985）交际策略的途径分类

帕里巴科特（Paribakht，1985）的分类方法在强调传统的语言层面分类的基础上，进一步从语境、认知和非语言等层面分类交际策略。在四种主要类别中，"语言策略"指交际者运用与目标语语言项目语义特征有关的策略；语境策略是交际者处理语境知识时使用的策略；概念策略是交际者获取对世界和特定情况的知识时使用的策略；副语言策略是交际者使用有意义的手势时采取的策略。此处简要介绍该分类范式下的语言策略。语言策略具体而言可以借助三种途径实施：元语言线索（metalinguistic clues）、语义相关（semantic contiguity）、迂回（circumlocution）。例如，当学习者描述"presupposition"这个单词的意义时，可以借助元语言知识进行解释："It's a noun with a suffix."，这就是学习者对元语言线索的运用。语义相关策略还可以进一步分为借助词汇的上下义关系，例如，用"fruit"（水果）代替"mango"（芒果）和借助词项的对比关系（例如，用"success"（成功）代替"triumph"（巨大成功），这是正面对比的方法；用"not successful"（没有成功）作为暗示"failed"（失败）这是反面对比的方法。迂回策略的分类则更加细致，侧重从语言的角度，对不熟悉的目标语表达从外观描述（physical description）、成分特征（constituent features）、方位特征（locational property）、历史特征（historic features）等多方面、多角度进行间接描述。

5.2.6 普利斯的补偿策略分类

八十年代末，荷兰成为交际策略研究的中心。著名的"阿纳姆奈梅亨项目"（Nijmegen Project）是由阿纳姆奈梅亨大学的研究者们（主要为 Kellerman，Bongaerts 和 Poulisse 等人）主持的一项有关交际策略的实证研究项目。该项目前后历时四年，全称是"荷兰英语学习者补偿策略的使用"项目。项目研究仅限于词汇策略，并把学习者遇到词语表达困难时所采取的策略称为"补偿策略"。

基于该项目，普利斯（Poulisse，1990）在交际策略理论方面取得了新的进展，他对之前有关交际策略的分类范式提出了质疑，并提出了新的分类方法。普利斯（1990）[59]认为，二语学习者面临交际困难时有三种处理方法：1）借助回避或缩减策略放弃或调整原始交际意图；2）寻求交际对象的帮助；3）尝试对原始交际意图进行重新编码、输出。普利斯将第三种选择的过程称为交际补偿策略，补偿策略正是"阿纳姆奈梅亨项目"的研究重点。普利斯认为，当说话者遇到词汇困难时，会回到"概念"这个层次上尝试其他潜在可行的语言表达手段，并由此提出了概念策略（conceptual strategies）和语码策略（linguistic strategies）的新分类。图 5-6 展示了阿纳姆奈梅亨项目（Poulisse，1990）的补偿策略分类成果。

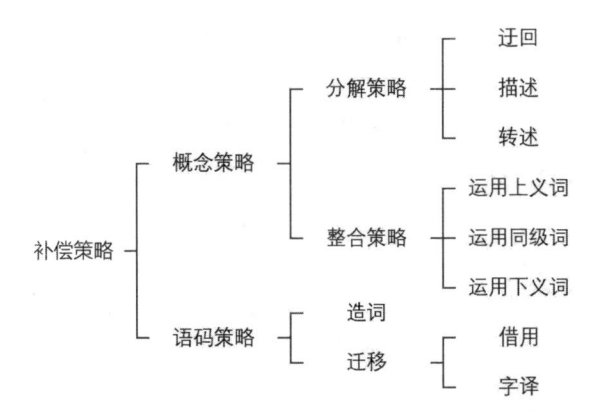

```
                              ┌── 迂回
              ┌── 分解策略 ──┼── 描述
              │                └── 转述
    ┌ 概念策略 ┤
    │         │                ┌── 运用上义词
    │         └── 整合策略 ──┼── 运用同级词
补偿策略 ┤                    └── 运用下义词
    │
    │         ┌── 造词
    └ 语码策略 ┤
              └── 迁移 ──┬── 借用
                          └── 字译
```

图 5-6　阿纳姆奈梅亨项目（Poulisse，1990）的补偿策略分类

"阿纳姆奈梅亨项目"（Poulisse，1990）的分类法综合了心理因素和语言因素的分类。其中，"概念策略"是指学习者通过找出目标概念的具体特征完成交际，包含迂回、描述、转述等方法；或用某个有关联的词项替换目标概念，有运用上下义词、同级词等方法。前者是一种分解性策略（analytic strategy），而后者是一种整合性策略（holistic strategy）。语码策略有两种类型：造词（morphological creativity）和迁移（transfer）。前者利用目标语的形态派生规则进行造词，后者利用目标语和母语之间的相似特征进行词汇借用或直译使用。

"阿纳姆奈梅亨项目"（Poulisse，1990）两分法优点是：1）从学习者的认知心理和语言两个角度对交际策略加以分类，具有独创性；2）将概念构造策略分为分解性和整合性两类，引导了其他研究者（如 Littlemore, 2003）从这一角度展开学习者策略使用风格的研究。但另一方面，该分类方法排除了二语学习者在实际交际中常用的缩减策略和求助策略，也有失偏颇。此外，该方法过于关注语言因素，尤其是词汇层面的因素，而忽视了影响二语交际策略使用的其他层面因素，如文化因素、情感因素等。实际上，普利斯（Poulisse）的分类与 Faerch & Kasper 的分类仅是分类依据上的区别，具体所指并没有很大区别，但普利斯的分类方法仅限于词汇策略，策略类型也基本限于中介语和母语策略范畴，分类面显得太过狭窄。

5.2.7 比安利斯托克的语言分类

比安利斯托克（Bialystok，1990）根据交际者使用交际策略时所依据的不同语言基础，将交际策略分成三大类：1）以母语为基础的交际策略（L1-based strategies），其中包括：语码转换（language switch）、母语的项目外语化（foreignizing）、母语直译（transliteration）；2）以目标语为基础的交际策略（L2-based strategies），包括：近似表达（即用熟悉的、具有相同语义特征的词汇代替某个生词）、描述（description，即对某一事物的一般物理属性、特征和功能特点进行描述）、造词（coinage，即学习者自己创造新词）；3）非言语行为策略（non-verbal behavior）。比安利斯托克（1990）的交际策略分类，详见图5-7：

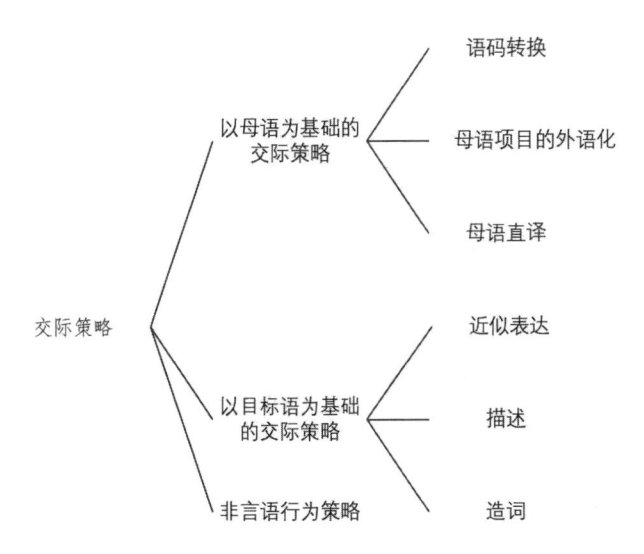

图5-7 比安利斯托克（1990）交际策略的语言分类

比安利斯托克（1990）从母语和目标语两个不同的语言系统区分了交际策略，并将母语同二语进行对比，指出母语和二语学习者在交际过程中都使用了交际策略。其中，某些交际策略与母语规则相关，某些交际策略与目标语规则相关。该分类方法有两个优点：1）清晰地呈现了不同交际策略的功能。例如，当学习者与目标语本族语者进行交流时，以目标语为基础的交际策略比以母语为基础的交际策略更有效。当学习者与相同母语的二语者进行交流时，以母语为基础的交际策略就比以二语为基础的交际策略更有效。2）有利于研究者或外语教师根据学习者所采用的交际策略判断学习者的中介语发展阶段和目标语水平。这是因为，通常越熟悉目标语规则的学习者越愿意采用以目标语为基础的交际策略。比安利斯托克（1990）分类方法最大的局限性是，该分类忽视了现实交际过程中交际双方常用的减缩和合作策略，显得分类并不完整。

5.2.8 Dörnyei & Scott 的问题解决分类

Dörnyei & Scott（1997）回顾了第二语言交际策略的定义和分类，并提出了他们的交际策略分类方法，其具体分类情况如图 5-8 所示。

```
                        交际策略
          ┌───────────────┼───────────────┐
       直接策略         互动策略         间接策略
       ├─ 信息取消      ├─ 求助          ├─ 言语策略标记
       ├─ 信息缩减      ├─ 检查理解度    ├─ 假装听懂
       ├─ 信息替换      ├─ 检查准确度    ├─ 使用填塞语
       ├─ 迂回          ├─ 要求重复      └─ 重复
       ├─ 近似表达      ├─ 要求澄清
       ├─ 造词          ├─ 要求确认
       ├─ 字译          ├─ 猜测
       ├─ 语码转换      ├─ 表示不理解
       ├─ 使用目的语    ├─ 解释性总结
       ├─ 嘟哝说话      └─ 给出回应
       ├─ 使用同音词
       ├─ 省略
       ├─ 检索
       ├─ 副语言
       └─ ……
```

图 5-8 Dörnyei & Scott（1997）交际策略的问题解决分类

Dörnyei & Scott（1997）按照交际者解决交际问题的方式，将交际策略为三类：直接策略（direct strategies）、互动策略（international strategies）和间接策略（indirect strategies）。"直接策略"指交际者在交际中使用那些他已经掌握的、可用于直接表达其原始交际意图的方法完成交际。具体手段非常丰富，包括信息取消（message abandonment）、信息缩减（message reduction）、信息替换（message Replacement）、迂回（circumlocution）等等。"互动策略"指交际活动双方共同努力，协商解决交际问题。具体手段包括求助方式（appeals for help）、检查理解度（comprehension check）、检查准确度（own-accuracy check）、要求重复（asking for repletion）、要求澄清（asking for clarification）等。"间接策略"指交际双方通过制造有利于相互理解的环境来完成交际活动，其目的是防止交际过程中断并确保沟通渠道的畅通。具体手段包括采用言语策略标记词（verbal strategy markers）、假装听懂（feigning understanding）、使用填塞语（use of fillers）等。

5.2.9 中谷安男的交互式分类

中谷安男（Nakatani Yasuo，2006）的研究聚焦二语习得者的口语交际活动，开发了"口语交际策略量表"（oral communication strategy inventory），将口语交际过程中语言学习者用于解决口语交际问题的表达策略（production strategies）和解决听力问题的理解策略（reception strategies）进行了细致的分类。有关中谷安男（2006）的交互式分类详情，详见图 5-9。

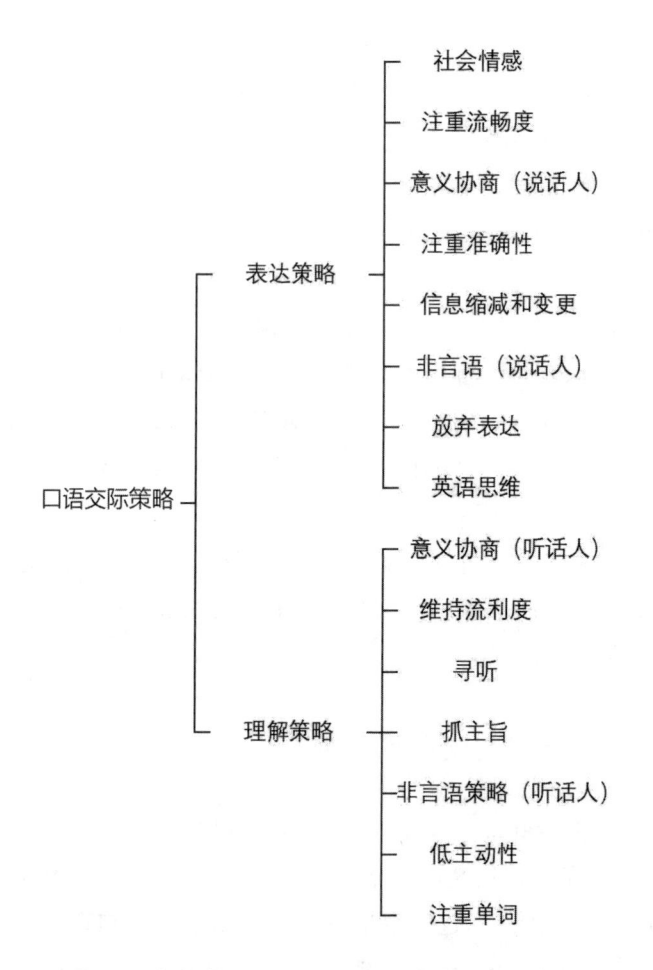

```
                                    ┌─ 社会情感
                                    ├─ 注重流畅度
                                    ├─ 意义协商（说话人）
                         ┌─ 表达策略 ─┼─ 注重准确性
                         │          ├─ 信息缩减和变更
                         │          ├─ 非言语（说话人）
                         │          ├─ 放弃表达
                         │          └─ 英语思维
            口语交际策略 ─┤
                         │          ┌─ 意义协商（听话人）
                         │          ├─ 维持流利度
                         │          ├─ 寻听
                         └─ 理解策略 ─┼─ 抓主旨
                                    ├─ 非言语策略（听话人）
                                    ├─ 低主动性
                                    └─ 注重单词
```

图 5-9 中谷安男（2006）交际策略的交互式分类

如图 5-9 所示，中谷安男（2006）的交互式分类方法从交互视角（interaction）出发，认为交际策略是交际双方用于意义协商的工具。与心理语言学视角相比，交互视角对交际策略的解释更为全面，前者只解释了讲话人的思维过程，而将听者一方排除在外，忽略了交际目标的实现总是依赖于交际双方的共同努力这个事实。语言交际包括表达和接受两个层面，人脑中处理语言接受和语言表达的机制是不一样的，因此交际策略在表达与理解中也会存在较大的差异性（戴炜栋，束定芳，1994b）。中谷安男（2006）的分类优点主要在于其全面性。该分类方法不仅从说话人和听话人两个角度讨论交际策略，表达策略和理解策略的分类子集也将社会文化因素、非言语因素、回避因素等重要指标考虑在内,强调了交际双方之间的协商、互动对交际成功的作用和影响。

5.2.10 布兰和莱文斯通的简化分类

布兰和莱文斯通(Blum & Levenston,1978)从二语学习者词汇简化的角度,提出了交际策略的分类方法。此分类的出发点是:学习者使用的交际策略和其心理过程二者之间既有区别又有联系。学习者在交际活动中运用某种交际策略之后,可能有两种结果:1)该交际策略通过相应的心理过程融入学习者的中介语系统,那么,这种交际策略将会影响学习者的中介语发展系统;2)某种策略只在某种场合一次性使用,完成其交际功能后随即消失,对学习者的中介语系统不构成任何影响。基于这个思考,布兰和莱文斯通(1978)将交际策略分为两大类:1)过程启动策略;2)情景相关策略。详细分类请见图 5-10。

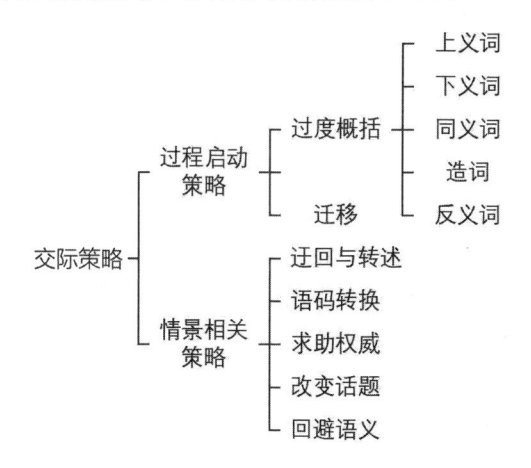

```
                          ┌─ 上义词
                          ├─ 下义词
              ┌─ 过度概括 ─┼─ 同义词
   过程启动    │           ├─ 造词
   策略    ───┤           └─ 反义词
              └─ 迁移
交际策略 ─┤
              ┌─ 迂回与转述
              ├─ 语码转换
   情景相关   ├─ 求助权威
   策略    ───┤
              ├─ 改变话题
              └─ 回避语义
```

图 5-10 布兰和莱文斯通(1978)的交际策略简化分类

如图 5-10 所示,布兰和莱文斯通(1978)的分类方法聚焦学习者在词汇层面使用交际策略的情况,因此从严格意义上来说,其研究重点不是分析学习者中介语系统的交际策略使用情况,而是为了进一步证实"简化策略"在简写读本与译本、外国腔语言等话语语体中普遍存在。该研究同时也验证了两种有关学习者学习的假设:1)词汇简化遵循普遍规律;

2）词汇简化的普遍性是由学习者母语的语义能力决定。这对二语习得领域的词汇研究和交际策略研究有较大的借鉴意义。

在国内研究方面，研究者们针对交际策略展开了各种实证研究和实践教学，对交际策略的分类也纷纷提出各自的见解和主张，此处按照时间顺序仅举数例代表性观点，略做介绍。

戴曼纯（1992）从来源和效用两个角度，将交际策略分为"回避策略""直接求助法""基于中介语的策略""基于母语的策略""非语言策略"五种。其中，回避策略又可细分为"放弃信息策略"和"回避话题策略"；基于中介语的策略的主要手段有"造词法""过度推敲""过度概括""迂回表达法""替代法"和"释义法"；基于母语的策略包含"语码转换""直译法"和"母语词项的外语化"三种手段。高一虹（1992）对比中国学生和拉美学生常用的交际策略后，总结出学生群体常用的交际策略包括五种："重复和等待""焦点选择""角度转换""语境具体化"以及"提供语言形式信息"。其中第一种属于消极策略，后四种属于积极策略。张永胜等人（2003）将交际策略分为"获取策略"和"减缩策略"两大类，并对每个类别进行更为详尽的分类。获取策略又分为"合作策略""补偿策略""检索策略"；减缩策略则包括"形式缩减""功能缩减"两大类。卢植等人（2005）研究了英语专业大学生的交际策略运用，将交际策略分为14类共计26项："框架""逆转对话""语调""语言策略标记符""副语言策略""补白""改错""删减""推理策略""信息放弃""输入诱导策略""理解性核查""母语迁移""吁请帮助"。姚霖霜等人（2008）在CMC环境中对被试者展开研究，认为交际策略包括以下16种方式："避免冲突""代表母语文化""预期不知""发起对话""策略异议""幽默语言""组织谈话""和睦关系""礼貌语言""同情帮助""愉快交谈""直接语言""自我贬低""吸引注意""自我推销""寻求帮助"。战怡如（2014）在梳理国外交际策略理论的基础上，认为在对外汉语教学领域的交际策略分类应借鉴 Faerch & Kasper（1984）心理分类模式，从口语和书面语两个角度对对外汉语教学的交际策略进行分类。其中，口头交际策略主要包括"目标语补偿策略""借用策略""体势语策略"和"回避策略"；笔头交际策略则包括"补偿策略""缩减策略"和"求成策略"。

从上述分类方法可以看出,研究者们尝试从不同的视角,对交际策略展开研究,意在把握交际策略的本质和规律性。由此也从侧面说明了交际策略的使用过程十分复杂,不同的分类方法都是基于研究者特定的研究视角进行的,难免存在彼此间重叠和雷同之处,很难从根本上反映交际策略的全貌和本质。因此,本书作者认为,交际策略的分类应该遵循以下三个基本原则:1)节省原则;2)心理可行性原则;3)概括性原则。只有全面考虑各项影响因子,对交际策略的研究和分类才具有全面性和普遍性。

5.3 影响中国 EFL 学习者交际策略的因素

埃利斯(1985)指出,交际策略的使用要受到语言学习中的各种变量的影响,各变量产生的影响不尽相同,它们相互影响、共同作用。总的来说,我们可以将影响中国 EFL 学习交际策略的因素分为两大类:学习者因素和非学习者因素。前者包括学习者的母语、二语水平、个性、文化背景和思维方式、年龄、性别、学习能力、学习动机、学习焦虑等因素;后者包括诸如学习环境、教师风格、交际任务、交际对象等因素。

5.3.1 母语

目前并没有明确的研究结果能够表明不同母语的学习者在交际活动中运用具体的交际策略是否存在差异。这一课题还有待进一步的分析和研究。但是,语言学家普遍认为,当学习者的母语与其所学的目标语属于同一个语族时,学习者使用语码转换策略(language switch)的频率更高。塔隆(1977)发现,当学习者的母语与目标语中的同源词数量较多时,学习者就会更多地使用语码转换策略。

5.3.2 第二语言水平

可以肯定的是,学习者的二语水平会直接影响其使用交际策略的频率和类型。如前所述（见第 5.1 节），交际活动中的困难通常是由二语学习者的目标语水平和能力不足导致的，当学习者在交际过程遭遇了交际困难，他们就会使用交际策略，因此，学习者的二语语言水平越高，他们遇到的交际困难自然越少，因此交际策略在某种程度上可以反映学习者的二语学习水平。通常，第二语言水平较高的学习者更倾向于采用二语转述策略（paraphrase strategies），而二语程度低的学习者则更愿意运用一系列简单的词语和举例手段，或使用回避策略和缩减策略。哈玛雅（Hamayan）和塔克（Tucker）（1980）的研究表明，学习者使用回避策略的频率与目标语语法规则的难易程度相关。塔隆（1981）和埃利斯（1994）的研究结果表明，使用减缩策略会带来减少信息传递的"副作用"，但是受限于其目标语语言水平，二语程度较低的学习者宁愿使用缩减策略也不愿冒险使用求成策略。此外，他们还发现，在选择交际策略的时候，初级阶段的学习者通常首选缩减类型的策略，随着二语水平的不断提升，他们会逐渐尝试改用求成策略。这是因为采用减缩策略有助于降低二语程度较低学习者的情感焦虑，从而保证交际活动的顺利展开。埃利斯（1994）的研究表明，学英语的儿童和母语为英语的儿童在交际策略的选择上没有本质上的差异，但是在策略的使用频率上确有区别，二语儿童更多使用回避策略，而母语儿童更多使用转述策略。比安利斯托克（1990）的研究发现，高年级学习者更乐于使用以目标语为基础的交际策略，低年级的学习者则更多地运用以母语为基础的交际策略。也就是说，二语程度较低的学习者使用母语策略显著多于二语程度较高的学习者。由此可以推断，随着二语水平的提高，学习者抑制自己使用母语策略的能力也会提高。

　　国内针对 EFL 学习者的研究成果也支持以上结论。侯松山（1998）的研究表明，初级阶段的英语学习者更为频繁地使用重复策略。王艳（2002）调查分析了二语水平和性格因素这两个变量对学习者选择交际策略的影响。研究的受试者对象为 40 名北京某高校非英语专业本科生，研究内容主要是：对比不同学习者使用求成策略和缩减策略时表现出来的差异。研究结果发现，二语水平较高的学习者更倾向于选择以目标语为基础的求成策略，而语言水平较低的学习者则更多地选择以母语为基础的求成策略和缩减策略。孟冬（2005）的研究发现，交际策略使用的频率和类型随着学习者英语水平的提高而发生改变：英语水平较低的学生倾向于运用缩减策略和简单的词汇和语法举例、比喻等交际手段；英语水平较高的学生更倾向于使用转述策略；同时，高水平组和低水平组的学生都较少使用求助类型策略。

5.3.3 个性

个性属于学习者的非智力因素，也是影响交际策略使用的重要因素之一，教学中的观察和实证研究结果都表明，不同性格的学习者在交际策略类型的选择上存在不小的差异。塔隆（1977）的研究发现，不同性格的学习者在使用目标语完成复述故事的任务时运用的交际策略存在明显的差异：有的受试者语速比较快，但是细节遗漏较多，有的受试者语速比较慢，但复述较为详细，且伴有使用求助策略（asking for assistance）。国内学者的研究成果也得到了相似的结论。刘鹏、朱月珍（2001）采用访谈和问卷调查相结合的方法研究了70名非英语专业博士生交际策略的使用情况，并对其中8名受试者做了个案分析，意在探究学习者的个性对其使用交际策略的影响。研究结果表明，学习者个性确实能影响交际策略的使用：与内向型的学习者相比，外向型的学习者交际策略的使用频率更高，尤其是求成策略（achievement strategies），但是并不意味着他们的整体交际效果优于内向型性格的学习者。王艳（2002）的研究结果发现，外向性格的学习者倾向于使用以目标语为基础的求成策略，而内向性格的学习者则多倾向于使用缩减策略（reduction strategies）。在选择以母语为基础的求成策略（achievement strategies）方面，内向性格和外向性格的学习者并未体现显著的差异性。吴丽林（2005）的研究对象是16名不同性格的非英语专业大学生，经过历时两年的连续性跟踪调查，并结合个案分析，最终发现学习者的性格差异会反映在他们的交际策略的使用中。从横向维度上看，相比于内向型的学习者，外向型学习者更愿意使用交际策略；但从纵向维度上看，在两年的研究时间里，外向型学习者使用交际策略的频率呈逐步递减状态，而内向型的学习者使用交际策略的频率始终不高，没有出现明显的波动变化。在中国 EFL 课堂教学实践中，教师作为课堂交际活动的组织者，也可以发现如下的现象：有的内向型学习者进行口语交际愿望较低，对交际活动采取消极回避的态度，或者只愿配合交际活动，而不愿发起交际活动；有的外向型学习者在交际活动中表现得滔滔不绝，总是尝试用各种办法尽力表达自己的观点。在课堂上，教师经常会见到一些外向型的二语学习者借助面部表情、动作、手势等副语言手段来辅助自己进行表达。从这个例子中，可以很直观地看到性格因素对交际策略使用的影响。副语言交际策略的运用也有利于学习者实现交际目标，但也存在着一些"副作用"：过度依赖交际策略会导致学习者忽视语言形式的准确性、流利度和得体性，总给人"言之无物""形式大于内容"的感觉。另一方面，内向型的学习者因其个性内敛、不事张扬，不会做出夸张的表情和肢体动作以免尴尬，他们多表现出沉默寡言的特点，往往更关注语言的准确度和标准性，因此通常尽量避免使用到副语言策略，或仅限于使用回避等信息调整策略。

5.3.4 文化背景和思维方式

通过课堂观察，我们发现大部分中国 EFL 学习者几乎不使用非言语策略（non-verbal strategies）。究其原因可能来自两个方面：1）民族个性使然；2）在中国传统文化中，在交际中用过多的手势、夸张表情等肢体语言通常被视为是不礼貌的，属于"社交禁忌"。这两方面的原因导致中国的学习者普遍不习惯运用肢体语言表达交际意图。在这方面的中西文化差异在相当程度上影响了中国 EFL 学习者非言语交际策略的习得和使用，因此，当学习者在交际活动中遇到无法通过语言解决的困难时，多数倾向于采用回避、放弃等策略，这对二语水平的发展和交际能力的提高均是不友好的。

5.3.5 年龄

研究表明，年龄因素也是影响第二语言交际策略的形成和使用的变量之一。学习者的交际能力会随年龄的增长而不断提升,交际方式也随年龄的增长而发生相应的改变。一般来讲,儿童运用的交际策略比较简单,而成年人运用的交际策略则相对复杂。学前和小学低年级儿童通常不会有意识地使用交际策略进行交流,这是由于他们尚未形成交际策略的概念。但到了初、高中阶段,学习者的认知能力发展迅速,认知方式也变得丰富起来,他们不仅能自发使用交际策略还能有意识地培养交际策略,并在学习中根据不同学习任务的要求调整交际策略。本书作者主要面对的学习者是大学生群体,尽管他们的交际策略使用存在个体差异,但整体而言,这部分学习者都有使用交际策略的愿望和能力。

5.3.6 性别

性别差异也是影响交际策略的一大因素,这一点在理论研究和实际交际中都得到了验证。通常情况下,男性学习者在语言方面的表现能力不及女性学习者。女性在语言能力、亲和力、言语思维上要远超男性。与男性相比,女性的信息处理速度要缓慢一些,但信息加工质量却比男性清晰、准确、丰富、全面。相反,男性在交际过程中的特点是信息处理速度比较迅速,但处理质量却比女性差,整体效果也不尽如人意。相比于男性,女性更谨慎,更注重语言的准确性,交际过程中会结合多方面因素进行综合考虑,男性回答迅速,下结论较快,不介意语言的准确性。在课堂教学中,我们发现面对同样难度较高的问题,男性学习者较多采用求助策略(asking for assistance)和副语言策略,而女性学习者较多采用转述策略(paraphrase strategies)和回避策略(avoidance strategies)。同时,男性往往容易把交际问题归因于外部因素,强调外部环境因素对交际心理的影响,忽视自身内部因素的影响。

5.3.7 学习能力

学习能力对交际策略的影响同样比较重要。研究发现,学习能力越强,交际策略的使用越得心应手。因为有些交际策略的习得和使用对学习者的学习能力有较高的门槛要求,比如转述策略(paraphrase strategies）。在教学中，我们也能发现，在中国的 EFL 学习者群体中，英语专业的学习者更多地使用转述策略，而非英语专业的学习者很少采用此策略。学习能力较高的学习者更明确应该使用什么样的交际策略，学习能力较低的学习者对自己使用的交际策略则比较模糊。研究也表明，学习能力较高的学生会自发地总结教师的讲解和自身交际的经验，形成一套适合自己的、且行之有效的交际策略使用方法；学习能力较差的学生则需要通过专门的培训才能机械性地掌握一些交际策略的使用方法。

5.3.8 学习动机

要想指导学习动机时如何影响学习者使用交际策略的，要先搞清楚什么是二语学习的学习动机。二语学习的动机主要以下几种：1）"内在动机"和"外在动机"。内在动机是指学习者出于需要、情感、兴趣、满足感等内在心理因素的驱动而产生的动机。外在动机则是为了获得奖赏、赞美、表扬、或避免承担职责、躲避惩罚等外部因素而产生的动机。2）"融入型动机"和"工具型动机"。这是动机研究专家 Gardner 和 Lambert 的分类。融入型动机是指学习者学习第二语言时努力地将其融入目标语的生活模式。工具型动机是指学习者将语言视为工具，期待该工具能给自己带来好处，例如考取外语证书、找到一份体面的职业、在求职中更有竞争力、获得更好的薪资等。此类动机在中国 EFL 学习者的学习动机中占有相当大的比重。

认知语言学认为，学习动机是学习者有目的的学习行为所不可或缺的重要组成部分。实验研究显示，学习动机对交际策略的影响可分为两个方面：一方面，动机的强弱直接影响学习者使用交际策略的频率。动机越强的学习者，使用交际策略的频率就越高，种类也越多；反过来，动机越弱的学习者，使用的交际策略次数偏少，种类也不多。另一方面，当学习者拥有不同类型的学习动机时，他们对交际策略类型的选取和运用也不尽相同。在教学中，我们发现，对英语感兴趣的学习者、建立长期学习任务的学习者和目标定位高的学习者更倾向于使用"以目标语为基础的交际策略"（Bialystok, 1990）。

5.3.9 学习焦虑

在第二语言习得中,情感焦虑是被讨论最多的变量之一。但对于焦虑的性质,研究者们看法并不一致。有学者认为,焦虑本无所谓好坏,适当的焦虑反而能够产生激励作用,如果过度焦虑,就会产生负面的影响。二语学习过程中的焦虑主要来自两个方面:如果二语程度低的学习者对自己的期望值过高,有限的目标语知识又不足以满足其流利表达的需求时,这种冲突就会引起学习者的焦虑情绪。除此之外,教师的行为也可能引起学习者的焦虑。语言焦虑与语言学习紧密相关。一般来说,情绪焦虑与学生的口语交际水平呈负相关,学生的语言焦虑感越强,口语的交际水平则可能愈低,越不利于他们在交际活动中使用交际策略,越有可能引发交际失败。

5.3.10 学习环境

研究表明,学习环境会影响交际策略的使用频率。一般情况下,学习者在自然交际环境中使用交际策略的频率更高,而在课堂语言教学环境中使用交际策略的频率较低,尤其是当教学的重点不是强调交际的流利度,而是强调语言的准确性时,学习者使用交际策略的频率就会更少。这正说明了中国 EFL 学习者较少使用交际策略的原因:中国学习者使用英语交际的场所大多是以准确性为标准的课堂环境,而不是真实的英语交际环境。由于受到教材、教学大纲,以及教学内容的限制,课堂交际情景难以真实还原自然交际环境,因而对交际策略的使用要求不高。中国 EFL 学习者参与的语言水平测试,也主要以语言能力(linguistic competence)为测试目标,针对其他方面的能力,如社会语言能力、话语能力及交际策略能力的考核则不多见。

5.3.11 教师风格

教师风格对交际策略影响主要来自两个方面:1)教师对学习者口语交际活动的重视程度直接影响学习者的口语交际能力和对交际策略的重

视度。如果教师经常强调交际的重要性，在课堂上多开展口语活动，学生就会在课上、课下主动找机会进行交际练习，其交际策略会得到充足锻炼和提高。然而，时至今日，中国的 EFL 课堂仍旧存在"重语法、清交际"的现象，不少教师认为课堂应以传授词汇和句法知识的目标语输入为主，至于口语交际，那是输出方面的事，应交由学生课下自行完成。教师在教学环节上对口语交际的轻视必然会引起学生对口语交际的不重视，他们的交际策略也就得不到锻炼。口语能力也就很难进步。长此以往，就会形成恶性循环。2）教师在口语课堂上的教学风格对学生运用交际策略也有影响。在同样注重口语训练的课堂里，不同的教学风格带来的口语交际策略的使用效果也会有所不同。如果课堂气氛比较宽松、自由、活跃，学生就愿意多尝试各种不同的交际策略进行交流，相反地，学生可能消极被动，在课堂的大部分时间里保持沉默，参与交际活动的意愿不高。总之，作为课堂组织者，教师的教学风格对交际策略的影响可能是正面、积极的推动作用，也可能是被动的、消极的阻碍作用。

5.3.12 交际任务

交际策略的使用与引发交际策略的任务之间的关系非常复杂。不难想象，由于交际任务的难度和性质的不同，学习者所采用的交际策略必定会有很多差异。例如，学习者在面对描述图画、话题讨论、话剧表演、现场采访等不同的交际任务时，他们使用的交际策略肯定会完全不同。可以预见的是，学习者在自然情境交流下所采用的交际策略和在有时间、成绩等压力的课堂环境中所采用的策略是不同的；同一个学习者在不同环境下完成同样的任务也可能会采用完全不同的交际策略。

5.3.13 交际对象

交际策略的选择也视交际对象的不同而发生变化。比如，在课堂上，当学习者与教师进行交际时，学习者会使用更多的以目标语为基础的策略、求成策略和求助策略，双方的合作策略使用频率更高。而在课堂讨论、辩论等交际场合，交际双方都是语言学习者，交际活动更加自由随意，交际者会大量使用以母语为基础的策略、缩减策略、副语言策略或回避策略。

5.4 交际策略对中国 EFL 学习者的中介语影响

交际策略究竟对外语学习者的语言习得起了什么样的作用？这是交际策略研究中颇有争议的一个议题。关于交际策略在二语习得中的影响目前还没有达到共识，国内外学者站在不同的角度，对交际策略的具体作用得出了不同的结论。

首先，交际策略能够让正在进行的交际活动顺利进行，保证交际者的正常交流，这便是交际策略的积极意义。交际策略是一种外语实践的机会，间接地影响着外语学习的过程（束定芳等，1996）[214]。塔隆（Tarone，1981）认为，交际策略的话语功能主要是保持交际渠道的畅通，帮助交际者获得更多的语言输入。Faerch & Kasper（1983）等人认为交际策略能促进学习者形成对外语知识的假设和外语知识的自动化。学习者在交际活动中遭遇的交际困难，往往是由于他们不了解某些目标语的规则所引发，这时，如果学习者能运用一定的交际策略，在保证交际目标实现的同时，也完成了新的语言输入或有效的语言输出，从而学习了新的目标语知识或者检验了已有的假设。例如，近义词/同义词替换策略（replacement strategy）或者转述策略（paraphrase strategy）的使用，就相当于学习者在交际的过程中掌握了一种扩充语言的手段。

既然交际策略对学习者习得外语有积极的促进作用，那么，哪种类型的交际策略最有助于帮助学习者习得第二语言呢？哈斯特鲁普和菲利普森（Haastrup & Phillipson，1983）聚焦于学习者与本族语者交际中的求成策略（achievement strategies），并对此进行了实证研究。他们的实验对象是 8 名英语中级水平在校学生。实验内容是学生用英语与英语母语者进行交谈，谈话的内容围绕日常生活展开。实验发现，当受试者在交际中遭遇困难时，他们总是试图使用求成策略应付这些困难。哈斯特鲁普（Haastrup）等人通过数据分析寻找每次谈话的普遍特征、交际困难和使用求成策略的类型与频率，结果发现：当交际者采用以母语为基础的交际策略和非语言策略时，交际效果通常差强人意，而运用以目标语为基础的策略时，往往能取得良好的交际效果。这一实验结果直接证实了比安利斯托克（Bialystok, 1990）的假设。因此，哈斯特鲁普等人得出结论：转述策略（paraphrase strategy）是最成功的交际策略。在我国的英语教学中，英语专业的学生自入校起就开始接受"转述策略"的训练，该训练可以迅速提高他们的英语水平。这些学生入学时的英语水平并不比非英语专业的学生高出许多，"转述策略"的训练却可以让前者的英语水平在入学一段时间后超越后者。

也有语言学家对交际策略的作用持相反意见。埃利斯（1985a）强调了交际策略对外语学习的不利方面：过多使用交际策略会抑制二语习得。理由如下：如果语言学习者总是通过熟练利用交际策略来弥补目标语语言知识的漏洞，就会让部分语言学习者产生一种错误的潜意识：只要能够熟练使用交际策略，就能确保交际活动正确进行，就能实现交际目的，那么，就没有必要再去费力地学习新的目标语知识和规则，这就是过度使用交际策略可能会带来的隐患和问题。熟练交际策略的学习者看上去提高了他们的语用能力，实际上是其语用能力提高后才使他们能够更频繁地使用交际策略。语用能力的提高是因，交际策略的运用是果。因此，交际策略无助于学习者的语言习得。

本书作者认为，交际策略的运用对中国 EFL 学习者中介语的运用能力是有促进作用的。首先，交际策略链接了学习者二语习得过程中获得的新知识和实际的交际活动，一端是语言的输入，另一端是语言的输出，交际策略是二者的连接器。交际策略可以让二语学习者内化自己学习到的新语言知识，并在交际活动中检验学习者对目标语建立的假设。学习者还可以通过运用交际策略向交际对方寻求新的信息，这些信息又可以成为新的目标语输入或是解决实际交际问题的方法。如前文所述（见第 5.2 节），研究已经证实以目标语为基础的交际策略对二语习得和实际交际都有促进作用。其次，交际策略的使用可以帮助学习者脱离一个固定的学习范围，通过交际活动扩展自己的语言知识系统。最后，交际策略的使用能有效提高学习者的交际能力。二语习得过程中，对第二语言的不熟悉会让学习者产生焦虑情绪，这是学习者在二语习得的过程中遭遇的一大阻碍。合理运用交际策略可以很好地解决这一问题。当学习者在交际活动中和二语习得的过程中遇到困难和问题时，他们可以根据自身的二语程度、性格特点以及受母语影响程度的不同恰当地选择交际策略，克服心理障碍和焦虑情绪，增强交际信心，顺畅进行交际活动，最终实现提高交际能力和二语能力的目的。

5.5 培养中国 EFL 学习者交际策略的途径

中国 EFL 学习者数量庞大且学习周期长，英语教学的历史也比较悠久，外语教学中如何才能实现有目的、有计划地训练和培养学生的交际策略？学生如何才能有效地掌握交际策略的内容、规则、程序？交际策略是否具有可教性？对此，在外语教学界有两种截然相反的观点。持肯定观点的学者们认为，培养学生的交际策略能力是培养其交际能力的重要组成部分之一，只有掌握了多种交际策略，学习者才能在遭遇交际困难时利用交际策略，解决交际困难。许多 EFL 学习者在学习英语数年之后，仍很难用英语与人顺利地交流，原因之一是他们在遭遇交际障碍时，并不会灵活调用所学的目标语知识去克服交际困难。在具体做法上，赞成派认为，一方面可以对学习者进行具体的交际策略教学，教学内容围绕交际策略分类的各个子项目，让学习者学习如何运用交际策略去完成具体的交际目标，这是解决日后生活、工作中出现交际困难的有效途径和对策。例如，教学内容可以操练迂回策略、语音贴近策略（如类似固定的语义表达式的掌握："It look like a .... You use it for ...."）等手段；另一方面，训练学习者正确理解和掌握交际策略的使用场景，教会他们掌握何时、何地使用何种策略，也是策略教学的一个重点。持否定观点的学者以研究 Nijmegen 项目组代表，认为对学习者进行交际策略教学是徒劳的，其理由在于交际策略并非第二语言所独有的现象，在学习者的母语使用过程中也同样存在着交际策略的使用，学习者第二语言的策略是可以从母语中进行直接迁移，而不需要额外的习得。因为首先，交际策略分类的科学合理性还有待检验，现有的分类方法缺乏心理效度基础，所描述的内容仅仅是学习者的话语。其次，交际策略的选择主要是依托语境，但如何教会学生快速变化的语境选择相关的交际策略进行交际交流是非常有挑战性的。

关于交际策略对外语教学的重要性，还存在一些争议，这对语言学和外语教学理论提出了挑战。笔者认为，当前我们既不能完全依赖交际策略的训练实现学生交际能力的全面提高，也不能完全排斥交际策略教学在外语教学中扮演的角色。二语习得过程中，交际策略用多、用少是一个值得权衡的问题，教师在教学过程中应拿捏好交际策略在教学中所占的比重。对于如何培养中国 EFL 学习者交际策略？笔者认为中国语言教师可以从以下三个途径考虑：教学大纲的设计、教学方法的改进、二语交际策略的运用测试。

首先，在外语教学大纲中，应把交际策略视作为交际能力的一部分加以培养。根据交际策略是潜在可意识（potentially conscious）的这一特点，加强对交际策略意识不强的学习者的交际策略训练，在课堂中帮助学生树立正确的交际策略意识，使学生对二语习得中的交际策略有一个正确客观的认识。交际策略教学的重点应放在交际策略运用的普遍规律和语境上，而不是对具体策略手段的重复操练。在外语教学过程中，应积极创造更多的外语自然交际环境，鼓励学生大胆交际，发挥其学习的主观能动性。外语学习者的交际能力培养除了语言和社会文化，还必须包括策略意识与方法，这一点值得我国外语教学界重视与思考。孔京京（2004）和曾路（2005）也专门对课堂交际策略培训作了详细的报告，两位学者都认为，通过对语言学习者进行交际策略训练，可以极大地提高学习者的交际策略意识，能够提高学习者求成策略（achievement strategies）的使用频率，实现更有效的交际效果。

其次，注重教学方法的改进。1）以学生为中心，交际策略教学应注重学生的个体差异性。教师应在课前做好充分准备，提前全面了解学生个体情况，做到以学生为本。在进行交际策略的培养时，教师要考虑学生的实际情况（学习能力、学习动机、语言掌握程度等），注重学生的学习规律，从学生学习需求的实际出发，根据不同学生的语言水平传授不同的交际策略。在上课过程中有意地根据学生的学习目的和学习状况设置语言运用情境，培养学生结合语境应用交际策略的意识，应有意地培养学生观察和理解语言的社会语境,观察在什么场合运用什么交际策略,为学生模拟在未来的工作、生活中可能会出现的情境和困难,训练他们在遇到交际困难时如何从已掌握的交际策略中选取最恰当的策略,鼓励学生培养结合语境应用交际策略的意识,最终实现解决交际问题的目的。2)以学生为中心,交际策略的教学要符合学习者在不同学习阶段语言使用能力的规律。教师在教学过程中要有针对性、循序渐进地进行交际策略的培养,从一开始的普遍意义的交际策略着手,慢慢过渡到引导学生使用以目标语为基础的交际策略。例如,在语言学习的初始阶段,因学习者语言水平及认知能力的局限性,教师可以引导学生进行简单的交际策略训练,如停顿策略、回避策略、母语为基础的策略,借助简单的交际策略帮助低语言水平学习者解决实际交际活动中出现的问题。这样一方面可以促进学习者词汇的发展,另一方面可以降低学生的情感阀,克服焦虑情绪,提高学习兴趣及自信心。随着学生语言水平的提高,老师可以在教学中穿插转述、猜测等交际策略,尤其是求成策略(achievement strategies)。比起缩减策略(peduction strategies),求成策略更有利于帮助二语学习者在交际活动中获得交际成功,对学生的语言水平和交际能力发展都有积极作用,在帮助学习者注重意义优先的同时,也能督促学习者对形式予以相应的重视,防止过早发生石化现象。随着交际策略储备量的增加,学习者可以在未来的交际活动或学习中灵活选择交际策略用于解决交际问题。3)培养第二语言交际策略时应将文化差异因素考虑在内。作为中国 EFL 学习者的教师,应时刻提醒学生中外文化的差异所在,在教学过程中,培养学生跨文化交际的意识。应致力于让学生明白在跨文化背景下,同一种交际策略在不同文化背景下可能会产生截然相反的交际效果,应学会根据实际情况和双方的文化背景差异选择正确的交际策略。4)第二课堂的建设。语言学习的一个重要环节是在真实环境中使用语言,达到语言知识和规则的内化。由于时空的限制,第一课堂的教学很难做到为所有学习者提供充分的语言运用环境。因此除了第一课堂教学和训练,有必要从第二课堂建设入手,加强学习者语言策略的模拟操练。教师应努力为学生创建轻松、真实的第二课堂情景环境,帮助学习者建立自信心,提高他们对交际策略的认同程度。通过开展丰富多彩的第二课外活动，如：英语广播、演讲会、实践调查汇报、英语角以及辩论赛等活动，营造语言学习氛围，使学习者有更多的机会运用英语、操练口语。

最后，定期对学生进行交际策略的运用测试。教师在课堂中补充交际策略教学之后，要定期通过会话训练或测验对学生的交际策略掌握情况进行检测，以达到对学生的学习情况的总体把握。测试作为教学过程的一个重要环节，是检验教学效果的有力手段，教师需要对测试的评价标准有客观、合理的认识。评价标准可以围绕语法与词汇、语音语调、话语运用和互动交际四大要素进行。前两个要素考核学习者的语言能力，后两个要素考核学习者的交际能力和交际策略。具体操作步骤上，可在测试前向学习者强调测试的重点是运用交际策略解决交际困难。通过以考促学的方式，帮助学习者意识到可借助交际策略来解决交际中某些不会表达的语言知识，以此增加学习者的信心。测试活动可以让教师对学习者的学习情况有一个基本的了解，同时根据测试结果，教师也可以在后续的交际策略教学中做内容或手段的调整，根据学生学习中的疏漏或实际需求安排下一步的教学。只有借助学生的测试结果，才能判断教师所采取的交际策略教学方法是否有效。

第六章　中国 EFL 学习者的中介语语用能力

本章首先回顾有关中介语语用学的相关文献，介绍该学科方向的基本理论和概念，重点以中国民航大学本科生的语用能力实证研究作为案例，分析中国 EFL 学习者的中介语语用能力的变化模式。章节结构上，首先讨论语用学领域常见的几个理论，如言语行为理论、会话含义理论、礼貌原则、关联理论等，然后简要介绍中介语语用学的定义、研究范畴和研究意义，接着重点围绕两组语用学核心概念进行分析讨论——交际能力和语用能力，最后结合实证数据的案例分析，讨论中国 EFL 学习者中介语语用能力的发展变化情况。

6.1　语用学简介

语用学是微观语言学的一个重要研究领域，它研究话语在特定语境中的意义，特别是研究在不同的语境下如何理解话语和产出话语。将同一话语置于不同的语境中，会产生截然相反的话语意义。例如，"爸爸在床上睡觉"脱离了交际语境，只能表达其字面意思："演讲者的父亲在床上的活动：闭着眼睛，自然休息。"但如果结合以下两种不同语境进行推理，从这句话得到的话语意义有天壤之别：

①妈妈夜里加班，直到第二天早上九点半才疲惫不堪地返回家中。开门看到孩子在饿着肚子写作业，忙问孩子父亲的去向，孩子回答说"爸爸在床上睡觉。"

②为了完成项目申报工作，丈夫连续熬夜加班赶了一个星期，终于在截止日期之前完成任务。妻子下班回家得知丈夫的工作成果，在询问丈夫去处时，孩子回答说"爸爸在床上睡觉。"

可见，语用学中对意义的研究不同于形式语言学对意义的研究。语用学不做断章取义的意义研究，而是考察在特定语境中话语运用所隐含的特定含义，即超越字面意义的意义。普遍认为，语用学发展成为语言学的一个独立分支经历了三个里程碑事件：1977年《语用学杂志》的创刊；1983年第一本语用学教科书的出版（Levinson，1983）；以及1986年国际语用学协会的成立。

关于语用学的定义，尤尔（Yule，1996）[37]认为语用学是研究说话者（或作者）想传达的意义，以及听者（或读者）所接收的意义。列文森（Levinson，2001）认为语用学研究的是语言和语境二者之间的关系，这种关系以特定编码的方式存储于语言结构中。根据以上定义，显然语用学关注的重点是语言使用者如何理解和产出言语行为。在这里，有必要区分交际中的两种含义：句子含义和交际意图。语用学中的许多原理和观点对人们的言语交际行为产生了重大影响，并确保了交际过程中话语的适切性和得体性。本小节简要介绍了语用学领域具有普遍性的四个基本理论。

6.1.1 言语行为（Speech Act）理论

言语行为理论最初由英国哲学家奥斯汀（Austin）提出，并由美国哲学家塞尔（Searl）加以修正发展。言语行为理论的基本主张可以概括为一句话："说话＝做事"。说话者只要表达出有意义的、可被听话人理解的话语，就可以认定说话人实施了某种言语行为。

奥斯汀率先区分了两种不同类型的句子：表述句（constative）和施为句（performative）。表述句是指描绘事物的句子，施为句是用于实施行为的句子。奥斯汀（Austin）后来意识到，这种区分句子的分类方法不够科学的，因为如果说一个句子本身就是一种行为，那么在某种程度上表述句也就是施为句了。奥斯汀把言语行为分为五类：判定（verdictives）、反应（expositives）、执行（exertives）、描述（descriptives）、承诺（commissives）。此外，奥斯汀认为一个言语行为可由三个次行为组成：言内行为（locutionary act）、言外行为（illocutionary act）、言后行为（perlocutionary act）。言内行为指说话本身所构成的行为，即发声行为；言外行为则与说话人的交际意图密切相关，是指通过言内行为计划达到的交际效果；言后行为是言内行为所产生的最终结果，该结果可能与说话人的交际意图一致，也有可能不一致。例如，如果一个孩子告诉他的父母："I promise to pass the CET-6."（我保证通过 CET-6）。这句话的言内行为就是运用语法规则，将句子正确组织成言语进行输出。言外行为意味着孩子在向父母做出承诺，答应努力学习取得好成绩。言后行为描述的是父母听到该言语行为后的效果，比如宽慰和幸福的心情。

塞尔继续发展了奥斯汀的理论，在《言语行为》一书中，他指出言语行为理论的一个基本假设是，所有语言都与言语行为有关，言语交流的基本单位是言语行为，而不是传统语言学意义上的符号、单词或短语。塞尔不赞成奥斯汀对言语行为的分类方法，他认为后者的分类方法缺乏统一的原则。塞尔将言语行为重新分为五类：描述、表达、参与、指导和宣告，该分类方法是至今公认的比较合理的言语行为分类方法。塞尔对言语行为理论的另一重大贡献是提出"间接言语行为"（indirect speech act）理论。什么是间接言语行为？打个比方，如果教室很冷，窗户却开着，演讲者希望有观众去关上窗户。出于社交得体的考虑，演讲者通常不会直接使用祈使句"关上窗户！"去命令观众。相反的是，说话者会采用比较含蓄的方式，如改用陈述句"这儿真冷"，达到让听者去关窗户的交际目的，这一陈述行为就是"间接言语行为"。塞尔指出，在间接言语行为中，说话人可以根据与听众共享的背景信息以及听众的思考和推理能力，将话语背后的隐含信息传达给听众。

言语行为理论改变了人们对语言本质的认识，赋予了语言行事功能。因此，人们开始从交流和互动的角度研究语言。其次，言语行为理论改变了语言和世界的关系。当说话具备了行事功能时，语言的作用不再仅限于对世界的描写，语言可以参与到构建世界、改变世界、改进人际关系的实践活动中。

6.1.2 会话含义(Conversational Implicature)理论

在语用学的发展历程中，格莱斯（Grice）在威廉·詹姆斯（William James）系列讲座（1968）中系统地阐述了会话含义理论，将人们对交际的关注从字面意义的理解引向了隐含信息的推理，这对语用学的进步产生了重大影响。

格莱斯认为，人们正常的语言交流不仅仅是一组独立的单词组合，对话双方都有一个共同的交际目标，为了实现共同目标，对话双方都遵守一个原则——努力使你的话语与你所参与的对话方向相一致（Grice，1975）[44]。格莱斯将该原则命名为"合作原则"（cooperative principle）。该原则又下辖四条准则：量的准则（the maxim of quantity）；质的准则（the maxim of quality）；关联准则（the maxim of relevance）；方式准则（the maxim of manner）。

格赖斯认为在实际交流中，交际并不完全符合上述原则和准则。一旦说话人违反了交际规则，听者就会越过字面意义进行隐含意义的推理，即推理说话人的会话含义。会话含义理论本质上是一种关于说话人如何使用语言的理论，重点是语用意义。格赖斯认为，交际过程中，人们常常会在遵守合作原则的基础上故意违反其一个或多个准则，其实际目的是向对方传达会话含义。会话含义产生于两种途径：说话人通过遵守合作原则及其准则来产生一般会话含义；说话人在尊重合作原则的同时故意违反某些准则，从而产生特色的会话含义。

格赖斯（1975）针对会话含义和规约意义的区别，指出会话含义具有五个特征。

1. 可取消性（cancellability）

在交际过程中，可以通过添加附属从句或上下文语境，达到取消先前对话中的会话含义。句子"John has 两 sisters."带有这样的含义："约翰只有两个姐姐，不多也不少"。但若在该句之后加上另外一个分句："…and perhaps 3 or more."，则先前的含义就被取消了。

2. 不可分离性（non-detachability）

影响会话含义推导的因素，除了背景知识，就是说话者的语言内容，而不是其语言形式。因此，说话者不可通过改变相同内容的不同语言形式来改变会话含义。这一特征强调话语的内容影响会话含义，而不是话语的形式。例如：

A：What did you think of the Play？

B：Well，I thought the lecture hall was big.

B 的回答所包含的会话含义是："没有多少人对讲座感兴趣"。如果替换 B 句中的部分语言形式，如将单词"thought"换成"believed""bet""suppose"等词，本句话的会话含义仍然存在。

3. 非规约性（non-conventionality）

会话含义不等于话语的规约意义（conventional meaning）。换句话说，会话含义不是字面意义。会话含义是听者在合作原则和各项准则的框架内，结合上下文，从说话者的字面意义推导出来的隐含意义。字面意义在话语中是固定的，而会话含义会随着上下文的变化而变化。例如，句子"It's cold here！"在特定语境中可能产生出"关窗"这个会话含义，而在另外一些语境中则可能产生一些其他的会话含义。

4. 可推导性（calculability）

可推导性是指听者可以从话语的字面意义、合作原则及其准则中得出相应的会话含义。

5. 不确定性（indeterminacy）

会话含义的推导就是对交际双方的各种言语行为进行解读，这种解读会随着语境的改变而出现不同的结果，因此解答结果，即会话含义是不确定的。例如，句子"John is a machine."在不同的语境中有不同的解读和含义："约翰是冷酷的""约翰是能干的"或"约翰没有人类的情绪"等会话含义。

合作原则和会话含义理论使学界对话语的研究从静态的语义分析转向动态的语用分析，增加了研究的实用性和深度。另一方面，合作原则和会话含义理论在得到普遍认的同时，也因其缺点和局限性而受到学界的批评：首先，合作原则下辖的各个准则过于笼统，以至在某种场合任何结果都能够根据意义推出。其次，合作原则对什么是"合作"的表述不够具体，对"不合作"情况概括得也不够充分。最后，合作原则不能解释语用交际的所有现象，例如文学语言。由于其独特性，文学语言既不符合质的准则（作者经常说与现实不符的话），也不符合方式准则（文学语言往往模糊、混乱）。

6.1.3 礼貌（Politeness）原则

利奇（Leech）认为，言语行为是一种变量，其变异程度取决于语言之外的许多因素。因此，他认为奥斯汀（Austin）和塞尔（Searl）用行为动词对言语行为进行分类是不科学的。格莱斯（Grice）的合作原则只能约束交际双方在交际中说什么和如何推导话外之意，但不能解释为什么交际双方大量使用间接言语行为。

从修辞学的角度，利奇将语用学分为社会语言学和普通语用学。前者研究对话原则在不同社会和文化中的作用，后者研究支配口语交际过程的会话原则。普通语用学的修辞原则包括人际修辞和语篇修辞。礼貌原则是构成人际修辞的最重要的语用原则之一。利奇提出的人际修辞原则注重礼貌因素，研究关注的重点不局限于信息传递，更注重信息传递之外的人际关系，进一步扩大了语用的研究领域。礼貌原则（politeness principle）的核心含义是尽量让他人获益。这一原则包括以下六项准则：得体准则、慷慨准则、赞扬准则、谦虚准则、一致准则、同情准则。

礼貌原则就是在其他条件相同的情况下，尽量减少粗鲁，把一些不礼貌的话，略去不说或婉转、间接地进行表达。其目的是不伤及对方的"面子"（face），以含蓄、间接的方式表达真实意图，最终目的是使听者能够根据交际规约和准则推断出说话人的言外之意。

礼貌原则对语用学的研究非常重要，但也存在一些不足。首先，每条准则的定义描述中有关"尽量少，尽量多"的表述并不够严谨和精确，例如，在实际交际中进行"赞美"时，中国 EFL 学习者往往出于谦虚而拒绝对方的赞美，这符合尽量多贬低自己的准则，但在跨文化交际中这却是典型的语用失误行为。其次，作为对合作原则的补充，礼貌原则主要想解答的是交际过程中故意违反合作原则的现象，而言语行为中的其他常见的礼貌现象并不在其解释范围。例如，对于日常生活中的不文明用语现象，礼貌原则无法解决。

6.1.4 关联（Relevance）理论

关联理论（relevance theory）是由斯波伯（Sperber）与威尔逊（Wilson）于1986年在他们的合著《关联性：交际与认知》中提出的。该理论将语用学的重点转向了认知理论，这就是为什么西方也将该理论称之为认知语用学。这一理论的基本思想如下：

1. 对语言交际模式的重新界定

作为对格莱斯（Grice）合作原则和会话含义理论的批判和发展，关联理论认为交际双方能达到默契的配合的前提是认知模式的关联性，言语交际本质上是一个明示—推理过程。"明示"要求说话者通过显现的方式进行交际意图的表达。"推理"要求听者根据说话者所提供的信息进行解码，并将解码结果与认知语境相结合作为线索，对说话者的话语信息进行推理，从而推导说话者的交际意图。

2. 认知语境的作用

传统语用学认为语境是常量，把相关性看作变量。关联理论与此相反，认为关联是常量，语境是变量。无论交际者是否遵循合作原则，交际总是从认知语境中选择最佳关联的假设，以最小的认知努力实现最大的语境效果，并确定最佳关联。关联理论认为，语言交际是建立在一个交际双方共同享有的认知环境基础上。当人们进行话语推理时，通常会选择与自己的认知环境有关联的理解进行推理。语境效果的大小取决于关联性：关联性越强，语境效果越大。

3. 最佳关联原则

交际过程中，听者付出多少努力以及能取得什么样的交际效果？关联理论对这个问题的答案是"最佳关联"（optimal relevance）。最佳关联是指用最少的认知努力去实现最佳的情景效果。在交际中，双方都自觉遵守关联原则，即任何明示的交际活动都应努力为这个交际活动本身提供最佳相关性。当且仅当说话者为其话语提供了最佳关联，听话者才能对其话语意义进行正确推理。

关联理论弥补了会话含义理论的不足，解决了交际过程中明示和隐性意义之间的关系，强调了认知主体在理解语篇过程中的重要性，强调了语境在交际过程中的作用，揭示了大脑在话语输出和话语理解过程中的运行机制，为学界对言语交际认知方面的理解提供了切入点。关联理论将语用研究的范围，从研究语言的主客体、人称、语境等因素，拓展到重视各因素之间的互相作用，将信息加工、认知、关联有机联系，建立了信息加工的逻辑结构。然而，也有学者认为关联原则过于笼统，缺乏可操作性，高估了认知主体在理解话语中的作用。

6.2 中介语语用学简介

6.2.1 定义

交际能力被引入到二语习得和教学之后，对学习者中介语的研究便从语言能力扩大到了语用能力，有关这一领域的研究就是中介语语用学（interlanguage pragmatics）。1993年，卡斯帕（Kasper）和布鲁姆-库尔卡（Blum-Kulka）出版了论文集《中介语语用学》，标志着中介语语用学的正式诞生，国内相关研究以何自然（1996）《什么是语际语用学》一文的发表为标志。针对中介语语用学的界定，许多学者展开了讨论。纵观各家观点，具有代表性的主要有以下几种：

卡斯帕（Kasper, 1998）[184]认为中介语语用学是研究非母语者对目标语言语行为的理解、产出和习得，关注的重点是二语中的言语行为。何自然（1997）[207]认为中介语语用学的范围不应局限于第二语言的言语行为，还应包括中介语的交际效果、中介语形成和变化的条件、中介语语体的形成等。刘绍忠（1997）认为，"中介语语用学是从语用学的角度研究学习者中介语的语用特征，以及这些特征的形成和发展规律。"洪岗（2000）提出了静态和动态两个维度的中介语语用学概念，静态研究范围包括语用现象和特征，动态研究范围包括语用的形成和发展。曾敏、邹心胜（2009）认为，"中介语语用学研究在跨文化交际过程中，外语学习者因母语正、负迁移导致的中介语特征。"

从上述定义可看出，中介语语用学是从语用学的角度研究中介语的语用现象、特征以及这些现象和特征形成和发展的规律。作为跨学科的领域，它着重探讨人们在特定的语境下如何实施第二语言的言语行为以及如何理解这些言语行为。

6.2.2 研究范畴和研究意义

作为一门交叉学科，中介语语用学不仅关注二语习得者在语用交际过程中所表现出的语言知识和语用能力，也同样关注学习者的语用错误和语用策略等方面的问题。概括地讲，中介语语用学的研究范畴有：语用理解、中介语语用能力的发展、语用迁移、跨文化交际、交际效果、中介语语用教学。

1. 语用理解

研究语言学习者对以言行事意图的理解和对礼貌手段的识别。前者要求学会识别和实施间接言语行为，懂得语言形式和语境在推导言外之意的作用，熟悉导致理解困难的各种因素。后者要求学会识别礼貌的表达方式。

2. 中介语语用能力的发展

二语学习者在使用目标语时，除了掌握必要的语法和词汇之外，还应具备适当的语用能力，这包括语言交际技巧、语言使用策略，以及对不同语用行为的理解和应用。中介语语用学研究这些方面的语用能力的获得和使用方式。此外，语言水平与语用能力之间的关系也是语用能力发展所关注的问题。

3. 语用迁移

语用迁移是指语言学习者使用第二语言时从母语中选择特定的形式和策略的过程。这种来自母语的影响正向和负向之分。正向迁移通常都能保证交际取得成功，因此学界研究的重点是负迁移。

4. 跨文化交际

跨文化交际中的语言使用方式和效果与文化背景密切相关。二语学习者需要了解不同文化背景和语言使用习惯，避免语用上的误解。中介语语用学研究不同文化背景下的语用差异和相似性，以及二语学习者如何应对这些差异。

5. 交际效果

第二语言学习者交际失败的原因之一是学习者的话语产出偏离了目标语的标准。第二语言水平较高的学习者可能会在交际中取得成功，但他们仍有语用失误的可能性。例如使用不适当的语言表达方式、无法正确理解或使用语用行为等。中介语语用学研究这些语用失误的原因和分析方法，以及如何进行有效的修正。

6. 中介语语用教学

针对语言学习者的中介语语用教学是中介语语用学的一个重要研究方向。中介语语用学研究如何在教学中帮助学习者提高语用能力，方法包括教授适当的语言使用策略、培养适当的跨文化交际技巧以及提供实践和反馈。

中介语语用学研究语言学习者在跨文化交际过程中的语言使用方式和效果，旨在提高学习者的语用能力和跨文化交际能力。通过中介语语用学的研究和教学，可以更好地理解和应对跨文化交际中的语言使用问题，提高学习者的语言和文化适应能力。中介语语用学的应用价值主要体现在以下几个方面：语言教学、语言测试、跨文化交际。

1. 语言教学

通过研究语言学习者在交际中面临的问题和困难，语言教学可以更有效地帮助学习者掌握语言的应用能力，提高交际效率。

2. 语言测试

通过研究中介语语用学，可以开发更准确、更全面的语言测试来评估学习者的语用交际能力。

3. 跨文化交际

中介语语用学的研究可以帮助人们更好地理解跨文化语用差异，促进跨文化交际过程的顺利进行。

中介语语用学作为语用学的一个分支，研究的是语言学习者在跨文化交际背景下使用目标语的方式和效果。在国际化的语言环境下，学习者的语用能力对交际至关重要。因此，中介语语用学的研究对于理解跨文化交际中的语言使用和语言教学都具有重要的意义。

6.3 交际能力

1972年，美国语言学家海姆斯（Hymes）在《论交际能力》一文中首次提出"交际能力"的概念。在语言学界，语用能力的诞生，离不开相关学者对交际能力的深入解读。因此，不描述交际能力而直接讨论语用能力是站不住脚的。

乔姆斯基（Chomsky，1965）在其语言学理论中提出了"语言能力"（competence）概念。根据乔氏的假设，语言能力是指说话人对母语规则的了解，是说话人在语言习得过程中内化的正式语法。这是母语者理解或产出语言的基础，也是识别异常句和歧义句的关键。

作为对乔姆斯基的回应，海姆斯（1972）[280]批判乔氏对"语言能力"的看法，认为将语言能力局限于语法规则是片面的。基于语言现象的本质特点，海姆斯提出"交际能力"（communicative competence）概念，将自然语境中个体运用语言形式的能力列入考量范围。作为对语言能力的补充，他提出社会语言能力（sociolinguistic competence）的概念。社会语言能力是指母语者对社交言语行为的得体性有直觉上的感知，且能够根据话题、情境、社交距离等因素调整语言使用。海姆斯（1972）[280]断言，语言能力和社会语言能力都是解释语言习得和语言使用所必需的。这一观点既包括语言知识，也囊括了语言知识的运用能力，对语言教学和评估产生了巨大影响。

卡纳尔（Canale，1983）在海姆斯（1972）基础上继续发展交际能力的理论，建立了交际能力的模型。该模型认为交际能力不仅包括海姆斯提出的语言能力和社会语言能力，还应包括语篇能力（discourse competence）和策略能力（strategic competence）。

在前人基础上，巴赫曼（Bachman，1989）提出一个更精细的研究模型：交际语言能力模型。在该模型中，交际语言能力（communicative language ability）被分为三个部分：语言能力（language competence）、策略能力（strategic competence）和心理—生理技能

（psychophysical skills.）。他认为语言能力进一步由两部分组成：组织能力（organizational competence）和语用能力（pragmatic competence），详见图6-1。

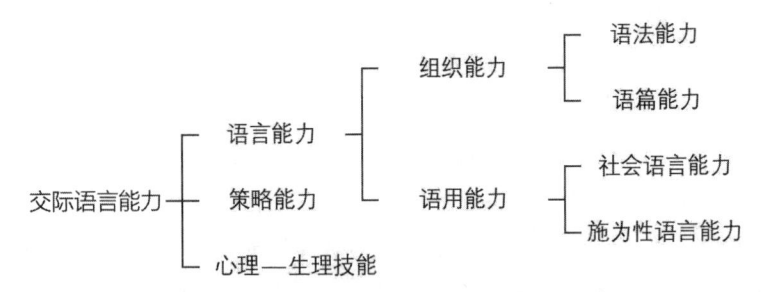

```
                              ┌─ 组织能力 ─┬─ 语法能力
                              │           └─ 语篇能力
              ┌─ 语言能力 ────┤
              │               │           ┌─ 社会语言能力
交际语言能力 ─┼─ 策略能力     └─ 语用能力 ─┤
              │                           └─ 施为性语言能力
              └─ 心理—生理技能
```

图6-1 巴赫曼的语言能力模型（Bachman, 1989）[253]

从图6-1可知，巴赫曼的语言能力模型认为，语用能力由社会语言能力（sociolinguistic competence）和施为性语言能力（illocutionary competence）组成。社会语言能力是指语言学习者对语言和语境的敏感力。施为性语言能力涉及语用规约方面的知识，包括言语行为和言语功能。通过对比分析，巴赫曼的语言能力模型最全面、接受度也最高。

根据以上文献的检索，可以看出，交际能力是指语言使用者利用语言和其他交际符号进行有效沟通的能力。交际能力是语言学习的一个重要目标，包括语法和词汇知识，以及理解和应用语言的社会文化知识。交际能力的核心是交际意图，即语言使用的目的。学习者的交际能力越高，他们就越能根据不同的语境和对象使用不同的语言表达实现交际意图。例如，一个人在面试中必须使用礼貌语、合适的话题和表达方式展现技能和个性，而在与朋友交流时则可以使用非正式的语言和交际手段。

关于交际能力组成要素方面，笔者认为至少包括以下几个方面：语言能力（包括词汇、语法、发音等方面），语用能力（包括理解和使用不同类型的语言表达方式、社交礼仪、非语言交际等方面），文化能力（包括理解不同文化背景下的交际方式、价值观），认知能力（包括推理、逻辑思考、判断等）。除了这些组成要素，还有其他一些因素也会影响交际能力，如人格、情绪、社交技能等。交际能力的发展是一个长期的过程，需要不断的练习和实践。

简而言之，交际能力是有效交际的关键，也是语言学习重要的目标之一。通过不断的学习和积累，学习者可以提高自己的交际能力，从而更好地适应目标语社会生活和工作。

6.4 语用能力

本小节拟从以下四个方面探讨语用学和二语教学领域最常见的一个概念——语用能力：语用能力的概念界定，语用能力的影响因素，语用能力的分析框架，语用能力的测试方法。

6.4.1 语用能力的概念界定

语用能力是衡量学习者语言技能的重要指标。一般来说，语用学强调在不同语境中使用语言的得体性，而语用能力是指在语境中使用和解释语言的多种能力。从语用学的角度来看，语用能力是指语言使用者理解语法功能和形式之间的关系；了解语体的使用范围；会用重音和语调表达情绪和态度；能够依据不同的主题和目标群体选择合适的语言形式。语用能力具体涉及什么内容？为了回答这个问题，几十年来，研究人员一直在从不同的角度研究，研究成果可谓是"仁者见仁，智者见智"。

乔姆斯基（Chomsky，1980）[224-225]区分了"语言能力"和"语用能力"，并将语用能力视为一个系统，包括为特定目的使用语法能力的能力。他将语用能力视为语言学习者正确运用不同语言技能的能力。利奇（Leech，1983）[10-13]提出将语用学划分为语用语言学和社会语用学。因此，语用能力也应分为语用语言能力和社会语用能力。语用语言能力主要是指学习者在特定上下文中正确表达与交流的能力；社会语用能力是指遵循语言使用的规约习俗，顺利完成得体交际的能力，这是一种更高水平的能力要求。托马斯（Thomas，1983）认为，语用能力是在特定环境下有效地使用语言以达到交际目的并掌握正确使用语言的能力。卡纳尔（Canale，1983）认为语用能力等于社会语言能力，即在特定的语境下能够得体运用语言知识。弗雷泽（Fraser，1983）认为，语用能力与语言使用者的态度有关，交际的成功取决于说话人成功地将其态度传达给他的交际对象。巴赫曼（Bachman，1990）[84-98]将语言能力分为语用能力和组织能力（见图 6-1），其中语用能力是指交际双方用于实施和理解言语行为的各类知识总和，可以分为施事能力和社会语言能力。比安利斯托克（Bialystok，1993）指出，语用能力包括说话者使用语言实现各种目标的能力、听者理解说话者真实意图的能力，以及交际双方语篇理解和组构的能力。罗斯（Rose，1997）认为，语用能力由两部分组成：语用系统知识和使用语用系统的知识，前者是为不同的言语行为提供语言选择，后者是为不同的语境提供语言选择。卡斯帕（Kasper，1998）认为语用能力是指外语学习者理解、产出和习得语言行为的能力，简而言之，就是外语学习者用外语做事的能力。

国内学者也针对"语用能力"这一术语提出了自己的解释。何自然（1997）[117] 从表达和理解两个层次出，将语用能力解释为交际双方的得体表达与适当理解的能力。刘绍忠（1997）指出语用能力的实质是结合语境理解对方和表达自己交际意图的能力。冉永平（2006）认为语用能力不是一种外在的语言能力，而是借助语言，在特定的语境下得体以言行事的能力。陈新仁（2009）将语用能力界定为在特定上下文中得体运用话语进行交际，从而实现交际目的的能力，并进一步将语用能力分为语用语言能力、社交语用能力、语用认知能力以及篇章组织能力。何春燕（2011）也认为语用能力决定了交际意图是否实现，语言交流有别于无意识的言语行为关键在于以指向性表达实现交际意图。

根据学者们提出不同观点，笔者通过梳理，将他们对语用能力的定义划分为两大类别：1) 将语用能力视作为一种知识性能力，如乔姆斯基（Chomsky，1980）、卡纳尔（Canale，1983）、巴赫曼（Bachman，1990），此类学者认为语用能力是学习者所拥有的一套关于语言在具体语境中固化的知识以及学习者能够正确使用该知识的能力；2) 将语用能力视作为言语行为能力，如利奇（Leech，1983）、托马斯（Thomas，1983）、比安利斯托克（Bialystok，1993）、罗斯（Rose，1997）、卡斯帕（Kasper，1998）、何自然（1997）、刘绍忠（1997）、冉永平（2006）、陈新仁（2009）、何春燕（2011）。这类学者从理解和表达言语行为出发，将语用能力视为学习者在特定语境下正确运用语言以完成交际的能力。这种能力包括学习者在特定环境中理解和表达言语行为的能力，也包括学习者遵循语言规约和习俗的能力。

上述两类学者们的观点虽有不同，但均很好地促进了我们对"语用能力"这一概念内涵的理解。笔者认为，语用能力可以简要地概括为交际双方能在交际过程中得体运用语言、理解语言的能力，其目的是交际意图的达成。在具体的语言运用中，语用能力并不是一个抽象的概念，而是保障语言使用和理解对方的工具。语用能力的基本特征可以概括为：1）在语用语言层面上遵守语言规则；2）在时空情境层面上遵从语境的限制；3）在社交语用层面上注重文化差异；4）在心理认知层面上遵守态度和行为的制约。

6.4.2 语用能力的影响因素

全面了解影响中介语语用能力的因素，可以有针对性地发挥或避免某些因素的作用，尤其在第二语言教学中，重视培养学习者的语用能力，更能提高他们的交际能力。影响语用能力培养的因素有很多，涉及语言学习者个人因素、母语的负迁移、接触目标语的时间、学习目标语时所处的环境、目标语的文化习俗、语用知识和能力的传授等多方面。通过文献梳理，笔者总结影响中国 EFL 学习者的语用能力有三大主要因素：学习者个体因素、语言学习环境因素、语用教学因素。

学习者的个体因素包括性格类型、学习动机、语言知识、母语文化等因素，这些因素都在不同程度地影响学习者的语用能力。首先，学习者的性格类型对目标语的语用能力及意识程度有一定的影响。比如，性格外向积极的学习者，对英语语用能力的把握普遍较高。内向型语言学习者比外向型语言学习者具有更高的语法能力和意识，外向型语言学习者比内向型语言学习者具有更高的语用能力和意识。当某一外语的语用习俗与学习者的价值观有抵触时就会极大地降低学习者的心理接受度，这种学习者自身的个性与目标语语用习俗之间的矛盾会最终影响学习者的语用能力发展。其次，绝大多数中国 EFL 学习者学习英语是为了考试高分，结果导致学习英语的动机不强、积极性不高，影响语言知识水平和语用能力的提高。第三，学习者自身的语言知识因素也会制约着语用能力的发展。学习者在学习过程中理解和掌握的英语语言和文化不仅可以显著提高英语表达能力,而且更重要的是帮助学生克服语言困难,提高语言沟通能力。最后,语言迁移一直是第二语言习得的研究焦点,母语的语用迁移也影响着外语学习者语用能力的发展。母语中的语言使用规则通常会被学习者直接应用于目标语言的使用中,对于中国 EFL 学习者来说,母语中的部分文化和价值观会影响着英语语用能力的提高。

语言学习的环境因素是影响中介语语用能力的重要因素。不同的社会文化背景会导致学习者目标语言认知结构的差异。在学习母语时,母语的认知系统有助于使用者选择得体的语言形式完成交际;然而,二语学习者往往缺乏母语所处的社会文化环境,这使得二语学习者不可能拥有母语者的知识结构,同时先存的母语认知体系会对目标语的使用过程产生干扰,这也导致了中介语语用失误的发生,从而影响中介语语用能力的发展。因此对于中国 EFL 学习者,非正式的谈话、与英语本族语者之间的互动对语用学习大有裨益。当前,中国 EFL 学习者缺乏自然、真实的目标语语用环境,很少有机会在课外听到或在课后直接使用英语,这也导致学习者英语语用能力的提高变得非常困难。

语用教学因素涉及教材选用、教师素质的高低、语用教学输入的方式等方面。首先,中国 EFL 学习者使用的绝大多数英语教材都是由国内教师主编出版的。长期以来,我国英语教材主要关注语法教学、缺乏语境交际的真实性,对学生语用能力的训练不足。其次,教师本身的素质是有高有低。尽管课堂气氛活跃,学生积极性高,但整个课堂都注重语言表达的流畅和准确,忽视了学生语用能力的发展。在教学过程中,教师很少掌握学生的语用错误,也很少强调英语社会的话语规则。最后,不同的语用教学方法也会影响学生的语用能力习得。有两种主要类型的研究致力于语用教学:隐性教学与显性教学。相比较于隐形教学方法侧重学生学习意识的自我觉醒,二语教学过程中显性教学策略显性教学在语用知识的习得和记忆保持方面更具优势。国外大量的研究也证实了显性教学是培养和提高学习者语用能力的有效手段(Kasper,2001)。

6.4.3 语用能力的描述框架

从概念出发，有不少学者提出了语用能力的描述框架，本小节按照国外到国内的顺序，梳理具有代表性的几种语用能力描述框架。

托马斯（Thomas，1983）在利奇（Leech，1983）语用学划分的基础上，将语用能力分为语用语言能力和社交语用能力，前者指理解和应用特定话语意图的能力，后者指能够根据交际对象的身份、地位等社交距离进行得体交际的能力。

巴赫曼（Bachman，1990）在其语言能力模型中把语用能力分为施事能力和社交语言能力，前者是指二语学习者运用语用规约知识的能力；后者是指在特定语境下得体实施社会语言规约知识的能力。巴赫曼（Bachman，1990）对施事能力和社交语言能力进行进一步的划分，将施事能力细分为操控能力、表意能力、想象能力、启发能力四个维度；社交语言能力则包括语言敏感度、方言敏感度、文化修辞敏感度、话语地道敏感度四个维度，具体详见图 6-2。

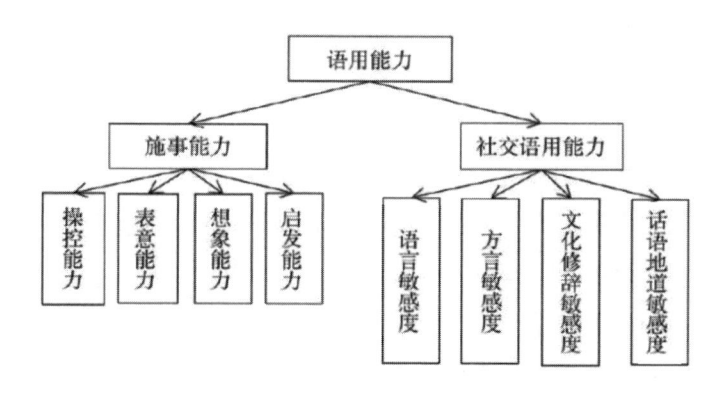

图 6-2 巴赫曼（1990）语用能力分析框架

Jung（2002）将实践能力分为五个维度：实施言语行为的能力、实施礼貌功能的能力、实施会话功能的能力、传达和解读非字面意思的能力以及运用文化知识的能力。实施言语行为的能力是指根据特定语境选择适当的言语行为的能力；实施礼貌功能的能力是指根据礼貌准则产出言语的能力；实施会话功能的能力是指拥有话语分析相关的各种能力，例如参与对话、结束对话能力。传达和解读非字面意义是指通过语句理解说话人意图的能力；运用文化知识的能力是指运用社会文化知识指导言语行为的能力，具体详见图6-3。

语用能力 → 实施言语行为的能力
语用能力 → 实施礼貌功能的能力
语用能力 → 实施会话功能的能力
语用能力 → 传达和解读非字面意义的能力
语用能力 → 运用文化知识的能力

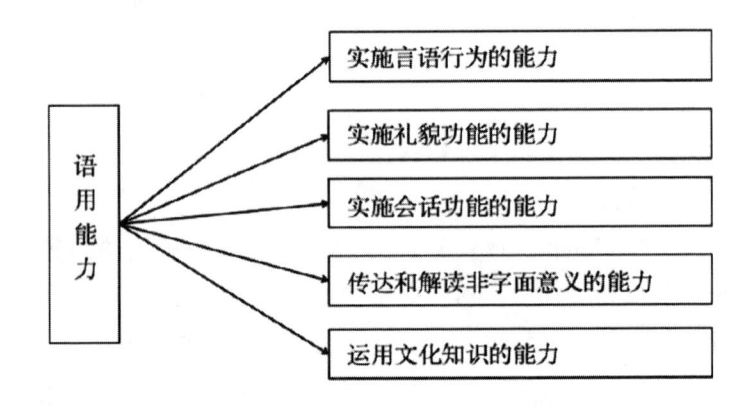

图6-3 Jung（2002）语用能力描述框架

Jung（2002）语用能力框架相对前人而言，涵盖面更广，特别是将文化知识能力纳入语用能力范畴。该描述框架不足之处在于各维度之间有重合之嫌，仍需进行更细致的划分。

语言能力量表（Language Proficiency Scales），又称语言能力标准，是对语言使用者目标语能力的一种评价标准。目前国际上流行的语言能力量表有《加拿大语言能力标准》（Canadian Language Benchmarks）和《欧洲语言共同参考框架》（Common European Framework of Reference for Language: Learning, Teaching, Assessment）。随着二语习得研究逐渐深入，在二十世纪末，《加拿大语言能力标准》和《欧洲语言共同参考框架》都加入了对学习者语用能力水平的描述。

《加拿大语言能力标准》对语用能力的描述源于巴赫曼和帕尔默（Bachman & Palmer, 2010）[257]交际语言能力模型，该模型将语言能力分为语言知识和交际策略两部分。语用能力属于语言知识下的"语用知识"组成部分，是指学习者如何将句子、语篇与交际目的、语境联系起来的知识，又包括功能知识和社会语言知识，具体详见图6-4。

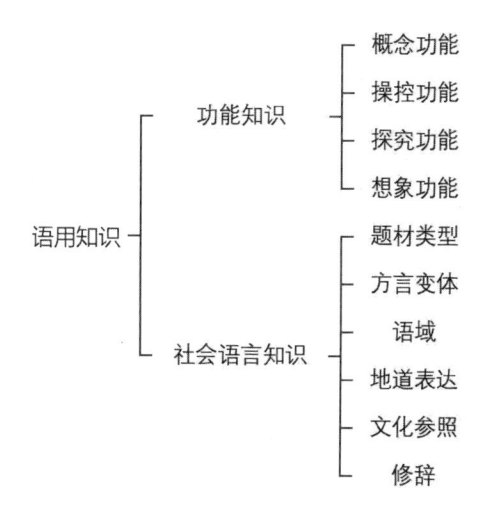

```
                    ┌─ 概念功能
          ┌─功能知识─┤  操控功能
          │         │  探究功能
          │         └─ 想象功能
语用知识──┤
          │         ┌─ 题材类型
          │         │  方言变体
          │         │  语域
          └社会语言知识┤ 地道表达
                    │  文化参照
                    └─ 修辞
```

图 6-4 《加拿大语言能力标准》（2000）语用能力的描述框架

《欧洲语言共同参考框架》对语用能力的描述来源于乔姆斯基（Chomsky）对语用能力的界定，该模型将交际语言能力分为语言能力、社会语言能力、语用能力三大维度。语用能力是指语言使用者利用语言资源在语境或互动交流过程中发挥语言功能的能力。从语言和功能这两个维度来看，语用能力可以分为语篇能力、功能能力和设计能力。其中，语篇能力是指语言使用者组构语篇的能力；功能能力是指使用口头或书面语言履行特定交际功能的能力，包括获取和传递信息、评论、问答等方面知识的运用；设计能力是指根据交互原则，规划可用信息的能力。具体详见图 6-5。

```
              语用能力
        ┌────────┼────────┐
      语篇能力  功能能力  设计能力
```

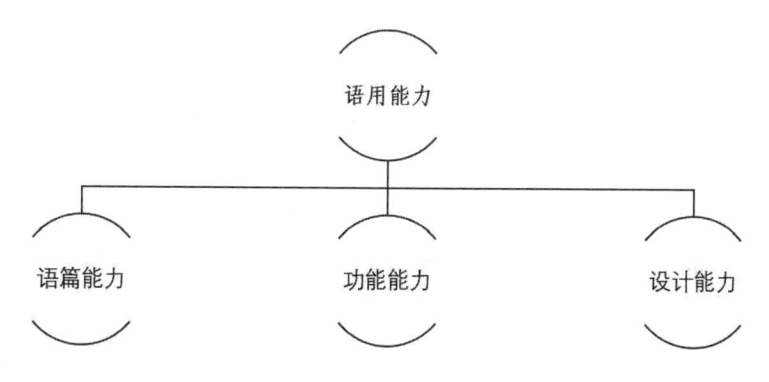

图 6-5 《欧洲语言共同参考框架》（2001）语用能力的描述框架

国内研究学者方面，陈新仁（2009）将语用能力分为语用语言能力、语用认知能力、社交语用能力、和语篇组织能力四个部分。语用语言能力是指掌握言语行为所需的语言资源的能力；语用认知能力是指在表达和理解语言的过程中理解最佳关联的能力，如推理会话含义、掌握话语标记的能力；社交语用能力是指遵守社会文化习俗和规约进行得体交际的能力，如表达情绪、选择合适语体、兼顾礼貌和面子的能力；篇章组织能力是指构建连贯话语和参与自然对话的能力，如篇章组织能力和对话组织能力，具体详见图6-6。

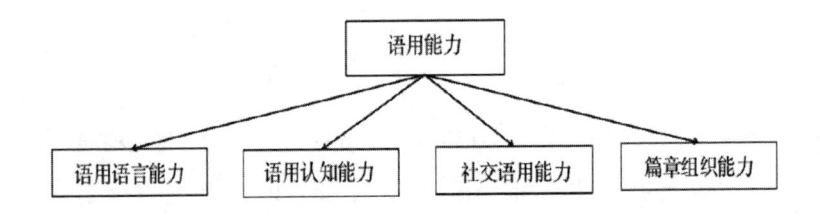

图 6-6 陈新仁（2009）语用能力描述框架

陈新仁（2009）语用能力分析框架是目前国内比较全面的提法，将语用认知能力纳入语用能力的分析框架之中。不足之处是该描述框架的结构效度还有待验证，语用认知能力能否作为语用能力的组成部分还有待实证研究论证。

韩宝成、黄永亮（2018）开发了中国英语语用能力量表。该量表关注语用能力的交际特征，并结合以往对语用能力的研究，将语用能力定义为语言使用者（学习者）结合特定语境、应用不同策略、理解和表达交际意图的能力。基于语用理解和表达两个维度，两位学者构建了一个描述中国学习者语用能力的描述框架。语用理解有两种定义：理解作者意图和理解说话人意图；语用表达能力也有两种定义：表达写作意图和表达说话意图。语言知识和策略始终贯穿整个能力体系，语用知识作为语言知识的组成要素，包括功能知识和社会语言知识，具体详见图6-7。

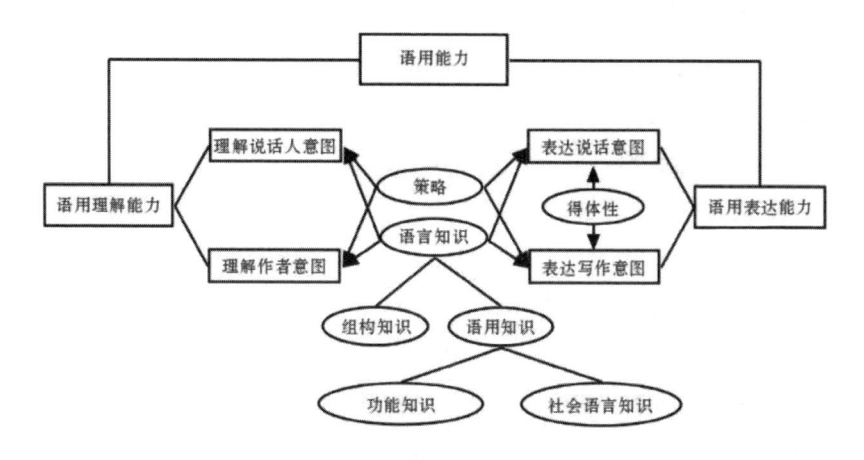

图 6-7 韩宝成、黄永亮（2018）语用能力描述框架

6.4.4 语用能力的测试方法

测试的目的在于引发测试对象的某些行为，从而帮助测试方推断测试对象的某些特定特征。测试作为一种衡量方法，必须严格按照一定的程序进行，语用能力测试也不例外。语用能力测试是指采用话语填充、自我评价等手段测试学习者在特定文化中理解和表达语篇的能力。语用能力测试引导学习者从目标语的语境出发，正确运用目标语言的特定语料元素，目的在于通过语用能力映射来评估学习者目标语言与特定语境相结合的能力。简而言之，语用能力测试就是在特定情境条件下考核应试者实施和识别言语行为能力的测试。

奥尔勒（Oller，1979）[257]认为，合格的语用能力测试需要满足两个制约条件：时间上，语用能力的测试内容尽可能符合目标语言的使用顺序；空间上，语用能力测试应该尽量模拟目标语言的真实使用场景。需要注意的是，语言测试中模拟的语境无法完全重现目标语的真实语境。

中介语用能力测试重要的一环是测试数据的收集。通过文献检索，笔者发现目前主流测试数据的收集方法有六种：1）书面话语填充任务（Written Discourse Completion Task，WDCT）；2）口语话语填充任务（Oral Discourse Completion Task，ODCT）；3）多项选择话语填充任务（Multiple-Choice Discourse Completion Task，MDCT）；

4) 话语角色扮演任务（Discourse Role-Play Task, DRPT）；5) 话语填充自我评估（Discourse Completion Self-Assessment, DCSA）；6) 角色扮演自我评估（Role-Play Self-Assessment, RPSA）。其中，前三种方法均属于话语填充任务（Discourse Completion Task, DCT）方法。

1. 话语填充任务（DCT）

语用研究中最常用的测试工具是诱发式的产出问卷，通常称为话语填充任务（DCT）。它要求受试者根据对话发生的背景，回答类似"在这种情况下你会如何做？"的问题。尽管这种测试模式在一定程度上与实际的语言场景不同，但它显著提高了测试规模，使得大规模语用能力测试成为可能。话语填充任务常见形式有三种：书面话语填充任务（WDCT）、口语话语填充任务（ODCT）和多项选择话语填充任务（MDCT）。书面话语填充任务是由一段情景描述和简短对话组成，要求受试者根据情境的描述以书面语形式完成对话。口语话语填充任务要求受试者先听一个情境的描述，并陈述他们在这种情境下的回应。多项选择话语填充任务要求受试者阅读一份书面描述，并在候选项中选择在该情境下的答话。

下面是一个书面话语填充任务（WDCT）的测试例子：

You borrowed your friends' favorite book. After a month, you found that you've lost the book. You say to your friend.

You say: _____.

书面话语填充任务（WDCT）作为一种测试方法，其信度和效度为研究者们所关注。然而，影响信度和效度的因素是多方面，书面话语填充任务作为产出型测试，影响受试者成绩的因素更为复杂，如考生的能力水平、试题的难易度、评卷人评分的松紧程度和评分量表的准确程度等。

话语填充任务（DCT）测试了语言使用者的语用语言知识和社会语用知识，在以下几方面具有优越性：快速收集数据；研究话语的得体性条件；研究影响言语行为的社会、心理因素；确定语言使用者在实施拒绝、分手等言语行为时的标准语言形式。关于话语填充任务的缺点，反对者认为，话语填充任务的语料数据不是自然语言。话语填充任务不能触发测试者在真实语境中的自然反应。受试者的回答只是针对测试的问题，没有进行真实语境下的协商、互动等交际环节。

2. 话语角色扮演任务（DRPT）

诱发式语料提取的第二种常见方法是话语角色扮演任务，即研究人员给被试建立角色关系（如医患关系、师生关系、领导关系等），要求被试完成特定语境下的言语行为。通过模拟讨论，话语角色扮演任务可对任何受试者对象施加对话压力，控制话轮转换，随着数码录音技术在二语习得研究中的广泛使用，越来越多的中介语研究采用了话语角色扮演的测试方法。

话语角色扮演任务的优势在于，为受试者提供完整的话语语境进行言语交际，能够为测试方直观地记录自然、真实对话中的非语言元素。另一方面，话语角色扮演任务在实际测试中也有缺陷：时间成本大，需要对评分员进行专门培训。此外，话语角色扮演任务是一项成本较高的测试方法，需要受试者和评分人进行一对一的互动，实用性也有待提高。

3. 话语填充自我评估（DCSA）

话语填充自我评估（DCSA）是最简单快捷的评估形式，该评估方法既可以单独进行，也可以构成大型测试的组成部分。该测试的常用方法是内省，要求受试者反思学习经历，并用量表进行自评，评估内容是自省用目标语做事情的能力，以及对目标语知识的掌握程度。

话语填充自我评估任务的缺点是，测试的效度无法保证，当自我评价过高或过低带来的好处过于明显，或者评估者对评分标准不熟悉，都会导致受试者不愿或无法进行真实的自我评估。

4. 角色扮演自我评估（RPSA）

角色扮演自我评估（RPSA）结合了角色扮演测试与自我评估测试两种测试方法，要求参与者必须自己评估自己在角色扮演中的实际表现。这种测试方法作为衡量语用能力的标准局限性较大，因为受试者对自己的评估会受到多重因素的影响，这些因素与受试者自身的个性和社会化程度有关，具有可变性和不可预测性的特点

从国内外语用能力测试的发展情况可以看出，测试方式具有多样化的特点，其中话语角色扮演、自我评估等方式具有更接近语言真实语境的优点，但也有一些不足，如受试者数量小、操作不易；话语填充任务

具有测试规模大、容易操作的优点，更适合用于二语课堂教学与测试，但需要注意加强对目标语真实语境的模拟。研究者应根据研究类型、时间、目的合理选择恰当的测试类型。此外，每种方法的信度和效度也是需要考虑的重要因素。

在下一章节（第6.5节）的案例分析中，书面话语填充任务（WDCT）将被用于获取EFL学习者实施言语行为的数据，这是因为考虑到实施言语行为的多变性特点和参与问卷的人数较多。多项选择话语填充任务（MDCT）将被用于获取EFL学习者理解会话含义和实施程式话语的数据，这是因为中介语语用知识在这两方面（正确理解说话人的含义和得体的语言运用）具有相对稳定性。而且，多项选择话语填充任务（MDCT）还有短时间内对大量应试进行集中评分的优势。

6.5 案例分析：一项基于实证数据的中国EFL学习者中介语语用能力研究

作为交际教学法的理论基石，交际能力自1972年由海姆斯（Hymes）提出后，就为外语教学实践和研究带来了革命性的变革。语言研究专家和学者纷纷结合研究和教学实践，从不同角度丰富和发展了交际能力理论（Rose，1997；Bachman & Palmer，2010）。中介语语用能力是指语言学习者掌握的语用系统知识和得体使用语用系统知识的能力（Rose，1997）。卡斯帕（Kasper，2001）认为，在语用学、二语习得、语言测试等领域研究学习者的语用能力，可以三个层面入手操作：1）言语行为（speech act）；2）会话含义（implicature）；3）程式话语（routine）。

言语行为是指说话人可以以言行事，即通过说话达到实施言语行为的目的，这些行为的实施可能会给听众带来某种结果。言语行为理论认为言语取效不仅与意义问题有关，还与语用学问题有关。奥斯汀（Austin）在著作《如何以言行事》中首次介绍了言语行为的概念，并指出说话本身就是行为。他认为人们在说任何一句话时，同时要完成三种行为：言内行为、言外行为、言后行为。国内研究者也将它们分别称作：话语行为，即以言指事（locutionary act）；施事行为，即以言行事（illocutionary act）；取效行为，即以言成事（perlocutionary act）。

会话含义是指话语传达的意思超过了词句字面的意思，即说话人的言外之意。作为语用学的核心概念，该术语由美国哲学家格莱斯（Grice）提出，在语用学研究中占有重要地位。会话含义产生的原因是因为在交流过程中，交际双方出于种种原因，并不严格会话准则，从而导致言外之意的产生。会话含义理论认为，语言符号所表示的字面意义是自然意义（natural meaning），将语言符号应用于特定的语境所产生的情景意义是非自然意义（non-natural meaning）。

程式话语是指在特定的社会或语言环境中，为实施特定交际功能而使用的固定或半固定式话语，在形式、意义和功能等方面都具有约定俗成的特点。程式话语是目标语社区成员共享的社会知识，因此在外语教学的任何阶段都应予以重视。

在语言习得的过程中，语用知识是重要的组成部分，也是较难掌握的知识板块。若仅重视语法现象和用语准确性，而忽略了语用知识的重要作用，学习者很难正确理解在特定语境的语言应用现象，从而引发理解偏误，甚至导致交际失败。本小节以案例分析的形式，采用定量加定性的方式，从中国民航大学非英语专业学生群体中随机抽样，从中国 EFL 学习者实施言语行为、理解会话含义、实施程式话语三方面入手，旨在了解中国 EFL 学习者的中介语语用能力现状，揭示性别、民族、英语水平变量因素对中介语语用能力发展的影响以及中国 EFL 学习者中介语语用能力的发展特征。

6.5.1 研究方法

1. 研究目标

本案例研究主要目的是基于样本数据，调查中国 EFL 学习者的中介语语用能力习得情况。具体而言，本案例研究的研究目标如下：1）研究中国 EFL 学习者在实施言语行为、理解对话含义和实施程式话语三个方面的中介语语用能力水平；2）调查中国 EFL 学习者的中介语语用能力水平是否因民族变量的差异而显著不同；3）调查中国 EFL 学习者的中介语语用能力水平是否因性别变量的差异而显著不同；4）调查中国 EFL 学习者的中介语语用能力水平是否因二语水平变量的不同而显著不同。

2. 研究问题

基于以上四个研究目标，本案例研究旨在回答以下四个研究问题：1）中国 EFL 学习者在实施言语行为、理解对话含义和实施程式话语三个方面的中介语语用能力水平如何？2）中国 EFL 学习者的中介语语用能力水平是否因性别变量的不同而异？如果是，变化的模式是什么？3）中国 EFL 学习者的中介语语用能力水平是否因民族变量的不同而异？如果是，变化的模式是什么？4）中国 EFL 学习者的中介语语用能力水平是否因英语水平变量的不同而显著不同？如果是，变化的模式是什么？

3. 研究对象

以随机抽样的方式，从中国民航大学在校生中抽取非英语专业学生 329 名，其中男生 200 人，女生 129 人；汉族学生 259 名，少数民族学生 70 名，分别来自不同专业，覆盖全校主要学科培养方向：空中交通管理、油气储运、信息与计算科学、航空工程、材料物理、金融学、会计学、电气工程及其自动化、物流、工商管理等。

4. 定量研究工具

通过对中介语语用学研究中的六种研究工具的比较，可知每种方法都有其优缺点，应综合考虑每位研究者的研究目的、研究问题、研究类型和研究周期等因素，选择契合当前研究的工具进行数据收集。本研究的定量研究工具是采用三套自行设计的测试问卷，分别从实施言语行为、理解会话含义，以及实施程式话语三个角度来测试中国 EFL 学习者的中介语语用能力。其中，问卷 A 共计 20 道题，属于书面话语填充任务（Written Discourse Completion Task，WDCT），目的是检验受试者的言语行为表达能力，测试卷 B 和测试卷 C 各有 20 道题，属于多项选择话语填充任务（Multiple-Choice Discourse Completion Task，MDCT），目的是测量受试者理解会话含义和实施程式话语的能力。有关定量问卷的更多细节和具体问题设置请见附录 3、附录 4、附录 5。

5. 定性研究工具

定性研究工具采用一套自行设置的半结构式访谈提纲，内容包括 8

个访谈题目，涉及影响会话含义理解的个人因素，影响言语行为实施的个人因素，影响程式话语实施的个人因素，中介语语用学知识、语用学背景知识等方面，目的是用于调查受试者对问卷A、B、C的看法，以及了解受试者的中介语语用能力水平，是对定量研究的有效补充。访谈的方式是随机选择了20名参加问卷测试的学生进行访谈，平均时间约为每人20分钟，有关访谈具体问题请见附录6。采取访谈的方式，主要是基于以下几方面的考虑。首先，半结构式访谈有助于研究者更好地了解中国EFL学习者的中介语能力。其次，半结构化访谈为研究者提供了一个从被试的认知角度理解二语结构和世界的机会，这是其他客观测试题所不具备的优点。第三，半结构式访谈在实施过程中更具有可操作性，一对一的访谈可以灵活考虑每个学生时间的便利性，不需要把所有受试者集中在一起进行一次性访谈。最后，因为访谈是面对面进行的，研究者可以在第一时间确认并记录受试者对每个问题的回答。

6. 数据收集

数据收集方法与研究目的、类型高度相关。本研究是采用混合的方法进行研究，因此需要收集定量数据和定性数据。1）定量数据的收集：发送问卷360份（以受试者完整做完问卷A、B、C视作为完成一次成功的问卷调查），剔除无效卷31份，获得有效问卷329份。问卷A是书面话语填充任务（Written Discourse Completion Task，WDCT），题项共计30道，每道题5分，满分150分，旨在检验受试者在言语行为表达方面的能力。首先制定问卷A的评分标准，然后参照大学英语四级口语评阅方式进行评估：由两名本校的外教进行分组评分，每道题的平均值为该受试者的真实得分，如出现某道题的评分结果组间差异达到2分及2分以上，则增设一名中方教师进行异值分的仲裁。问卷B是多项选择话语填充任务（Multiple-Choice Discourse Completion Task，MDCT），题项共计20道选择题，每道题计1分，满分为20分，旨在测量受试者在理解会话含义方面的能力。问卷C与也是多项选择话语填充任务（Multiple-Choice Discourse Completion Task，MDCT），题项为20道选择题题，每道题计1分，满分为20分，旨在测量受试者在实施程式话语方面的能力。由于问卷A（WDCT）和问卷B（MDCT）、问卷 C（MDCT）的测试方法、评分标准不同，因此在计算学习者的中介语语用能力之前，本研究采取 SPSS 数值转换的处理方法，将每个受试者各项得分转换为百分制的标准分数。罗孚（Rover, 2005）[162] 认为将每种测试结果的分数转换为百分制标准分是一个有效的数据处理方法。

2）定性数据的收集：对于定性数据的收集，采用整群随机抽样方法，抽取 20 名参加定量问卷测试的学生进入后续的半结构式访谈环节，平均每名受试者的访谈时间约为 20 分钟。

7. 数据分析

定量数据的分析：定量数据的分析采用 SPSS 软件，首先对三份问卷 A、B、C 进行信度检验，三份问卷 Alpha 值均大于 0.79，总量表 Alpha 值 0.928，说明量表信度较好。在分析过程中，对中国 EFL 学习者在实施言语行为、理解对话含义和实施程式话语等方面的中介语语用能力情况进行描述性统计分析，对不同性别、民族的中国 EFL 学习者在中介语语用能力水平上的异同采用独立样本 T 检验的方法，对二语水平高、中、低三组实验对象在中介语语用能力水平上的异同采用皮尔逊相关系数分析和单因子方差分析的方法。定性数据的分析：将访谈结果录音、撰写文字，根据访谈记录的重复率进行概括、分类，是定量分析的有效补充。

6.5.2 研究结果与分析 1——中国 EFL 学习者中介语语用能力的总体情况

本小节采用描述性统计的方法，介绍与第一个研究问题"中国 EFL 学习者在言语行为实施、会话含义理解和程式话语实施等方面的中介语语用能力水平如何？"相关的定量和定性数据的分析和结果，以及对结果的讨论。

1. 实验结果

为了解受试者语用能力在不同量表上的水平，笔者对受试者的数据首先进行描述性统计，统计结果见表 6-1。

第六章　中国 EFL 学习者的中介语语用能力

表 6-1　受试者中介语的语用能力描述性统计结果（均值和标准差）

类别	均值	标准差
言语行为实施能力分量表	66.44	4.46
会话含义理解能力分量表	58.97	18.22
程式语言实施能力分量表	56.25	16.43
中介语的语用能力总量表	60.55	12.54

如表 6-1 所示，本研究中的中介语语用能力测试包括三个量表，分别考察受试者不同类型的语用能力：言语行为实施能力、会话含义理解、程式语言实施。表 6-1 显示了所有受试者在三个量表中的中介语语用能力和整体测试的均值及标准差，由此可得到结论：受试者的中介语语用能力在三个量表中均处于中等水平，言语行为实施能力的平均得分为 66.44 分，会话含义理解能力的平均得分 58.97 分，程式语言实施能力的平均得分 56.25 分。这也意味着参与这项研究的受试者在实施言语行为方面具有最高的中介语语用能力，在实施程式话语方面的中介语语用能力水平最低，理解会话含义的能力在三种语用能力里居中。所有受试者的整体均值为 60.55 分，这表明本校 EFL 学习者中介语语用能力总体上处于中等水平。

2. 原因讨论

本小节讨论分析表 6-1 实验结果的原因。根据表 6-1 的研究结果，中国 EFL 中介语语用处于中等水平，该结果与罗孚（Rover，2005）研究结论一致。罗孚（Rover，2005）发现，ESL 学习者的中介语语用能力在总体水平和各分类量表上的得分区间为 50 分至 65 分，总分为 100 分。总体而言，无论是在本研究中还是在之前的研究中，中国 EFL 学习者的中介语语用能力都不高。定性研究的半结构式访谈记录也暴露出中国 EFL 学习者在中介语语用能力的测试中存在诸多困难。结合本校的实际，本研究认为造成中国 EFL 学习者中介语语用能力处于中等水平的原因有：1）中西文化差异；2）受试者的二语水平；3）语用输入；4）学校教学大纲的设置。

第一，中西文化差异。文化差异是指具有不同文化背景的人在语言规则和习惯上的差异，是造成语用失误的主要原因之一。人们在特定的社区生活，习惯于特定的待人处事方式，很难接受来自不同社区、不同文化背景的言语方式。英语和汉语的文化差异反映在许多方面，如言语行为、称呼、禁忌等。引起文化差异的因素很多，比如历史典故、宗教信仰和认知思维模式等等。访谈结果也佐证了该结论。受试者们认为得体性（appropriateness）是交际过程中常遇到的困难。访谈过程中记录到令受试者感到困扰的英语学习问题有："英语交流过程中，礼貌和直率的可接受程度是多少？""如何使用恰当的表达来描述自己的情绪？""如何做到遵循西方国家的风俗习俗？"等。许多受试者报告说，文化障碍使他们无法理解英语中的含义，因为"不同语言的使用者有自己的语言使用习惯"。一些受访者也报告说，在进行量表 B（理解会话含义的能力量表）的测试过程中，他们只能理解说话人的字面意思，无法理清"句子表面含义与说话者真实意图之间的关系"。在进行量表 C（实施程式话语的能力量表）的测试过程中，一些受试者报告说"英语不是他们的母语"，他们只是熟悉他们"在课本上学到的"或"在日常生活中遇到的"情况，他们的顾虑是在实施程式话语过程中，会因文化差异而造成交际尴尬。

为了进一步说明中英文化差异对 EFL 学习者的中介语语用能力的影响，下面以问卷量表 B 的第 19 题为例做简要说明：

第 19 题：

John is trying to find a house to rent in Washington. He just looked at a place and is telling his friend Billy about it.

  Billy: "Is the rent high?"

  John: "Is the Pope Catholic?"

  By this Mike means_____

  A. The rent is high.

  B. The rent isn't very high.

  C. He doesn't want to talk about the rent.

第六章　中国EFL学习者的中介语语用能力

D. The apartment is owned by the church.

在本题中出现的对话句子"Is the Pope Catholic？"是英语国家非常典型的表达方式，这种表达与他们的宗教信仰密切相关。然而，这方面的知识对于中国学生很难理解，因为他们没有这种的宗教知识背景。因此，不难理解本题的正确率很低（正确答案应为A）。

第二，受试者的语言水平。本研究中所有参与者的大学英语四级（CET-4）平均分数为381.6分（总分720分）。先前的研究（Rover, 2006）和本研究也都表明，二语水平与中介语的语用能力显著相关。所有这些研究的结论都发现，二语水平高的学生具有较高的中介语语用能力，而二语水平低的学生中介语语用能力较低。该结论也有助于解释在本研究中EFL学习者的中介语语用能力处于中等水平。本校作为理工科院校，语言学习氛围和访谈数据表明，多数EFL学习者语法差，词汇量小，这将限制学生的英语理解和表达能力，因此他们的中介语语用能力也相应地受到影响。访谈结果的记录也佐证了这点结论。在采访中，受试者普遍认为英语句子分析能力低下是困扰他们完成测试环节的一个重要因素。句子组构能力较低的受访者在用英语表达方面缺乏自信。这些学生认为他们的"英语语法"很差，担心在用英语与母语人士交流时会造成"尴尬"或"误解"。此外，在问卷B和C进行多项项目话语填充任务时，理解题干的能力不足是困扰一部分受试者顺利完成问卷的原因，他们提到"复杂词汇"或"复杂句子"是他们顺利完成答题的障碍。例如，一些受试者在问卷测试环节遇到了陌生词汇，如"compliment"（赞美）、"buffet"（自助餐）、"expense"（开销）等，他们会选择向同伴或老师求助。

第三，语用输入因素。中介语语用能力的发展受到与输入相关的两个关键因素的影响：1）大量输入的获取；2）目标语语言特征的显著性。显然这两个关键条件对中国的EFL学习者来说都远远谈不上实现。根据本研究的访谈调查，只有少数学生获得了由学校或家里提供的出国学习或旅游的机会："我有机会以交换生的身份在美国学习，并在那里学习了很多美国文化。""我假期和家人在欧洲旅行了一个月，理解了不少国外的风俗习惯。"对于这些有接触英语使用环境的学生来说，"我觉得完成这些问卷的测试并不困难,因为很多情况对我来说很熟悉";而其他大部分受试者,由于客观条件限制,"我们没有机会出国学习",加上从书本上获取的二语知识以语法、词汇为主,造成语用能力知识欠缺现象较为突出。

语用学教学是弥补接触目标语文化不足的一种折中方法。然而,本研究的访谈发现,英语教师很少在课堂上教授语用学知识。对于大多数 EFL 学习者来说,语用输入主要来自和教材和教师讲解。从采访中得知,大部分受试者没有系统接受过语用学知识的培训。在课堂教学中,学生接触到的符合其二语发展规律的语料很有限,导致学习者没有获得足够的二语语用知识和恰当的真实语料。首先,国内大多数大学的 EFL 教师都不是外教,没有英语母语者的语言直觉,不能作为学习者的直接模仿对象。其次,语用学教材不足也减缓了语用知识教学的步伐。由于缺乏英语母语者的直觉,EFL 教师在选择合适的语用学教学材料方面也存在困难。尽管教科书中有大量言语行为的证据,但从采访中得知,这些行为很少受到关注。最后,缺乏行之有效的教学方法是阻碍 EFL 教师在课堂上教授语用学技巧和知识的另一个原因。语用知识教学鼓励开展两种活动,一种是旨在提高 EFL 学习者语用意识的活动,另一种是为交际实践提供机会的活动。罗斯(Rose, 1994)强调了在英语教学中提高语用意识的重要性,并认为如果学习者的语用意识提高,他们很容易理解并吸收输入语料中的语用特征,这有利于加速学生语用知识的习得。此外,为了培养 EFL 学习者的语用能力,需要在教学方法上开展以学生为中心的互动教学活动,让 EFL 学习者参与不同社会角色和言语事件的活动,如模拟生活、角色扮演、表演戏剧。然而事实上,根据学生在采访中提到的内容,这类活动很少在当前的课堂教学中进行。

第四,学校的教学大纲设置。尽管自 2007 年以来,语用知识已被纳入英语教学要求范围,但实际教学过程中关注不够,需要将语用知识纳入考核范围。中国 EFL 学习者习惯于参加考试,并认为通过考试是他们学习的动力,但到目前为止,还没有现成的此类考试。尽管一些研究(Rover, 2005)已经论证了中介语语用能力测试的可行性,但截止到目前,这些测试工具仅用于研究领域,离在教学实践中全面推广为时尚早。

本小节分析讨论了中国民航大学 EFL 学习者的中介语语用能力整体水平。结果表明，EFL 学习者中介语语用能力在言语行为实施、会话含义理解和程式话语实施三个分量表和中介语语用能力总量表上都处于中等水平。本节最后讨论了四个影响中国 EFL 学习者的中介语语用能力的因素。

6.5.3 研究结果与分析 2——基于性别变量的中国 EFL 学习者中介语语用能力研究

本小节讨论研究的第二个问题：中国 EFL 学习语用能力水平是否因性别变量的不同而显著变化？如果有，变化的模式是什么？采用 SPSS 独立样本 T 检验来计算定量数据。首先，在每个分量表和语用能力总分量表上分析不同性别的中介语语用能力的差异情况。最后，对这些差异情况的原因进行分析讨论。

1. 实验结果

为进一步探讨个体差异对中国 EFL 学习者中介语语用能力发展的影响，本小节依据性别变量，采用 SPSS 均值差异度检验方法——独立样本 T 检验，论证受试者的中介语语用能力在每个语用能力分量表和总分量表上的差异性，统计结果见表 6-2：

表 6-2 受试者中介语的语用能力在性别变量上的独立样本 T 检验结果

类别	性别	均值	标准差	p 值	变化模式
言语行为实施能力分量表	男生	64.81	5.15	0.022*	女生＞男生
	女生	67.37	3.53		
会话含义理解能力分量表	男生	57.15	21.34	0.093	无显著差异
	女生	60.31	16.63		
程式语言实施能力分量表	男生	50.43	19.36	0.001**	女生＞男生
	女生	60.15	14.74		

类别	性别	均值	标准差	p 值	变化模式
中介语的语用能力总量表	男生	57.46	15.35	0.031*	女生＞男生
	女生	62.61	10.47		

注：* 表示 p<0.05，** 表示 <0.01

从表 6-2 可以看出受试者的中介语语用能力处于中等水平，并因性别变量而产生显著差异，女生的中介语语用能力显著高于男生。女生在总体水平上的平均得分为 62.61，男生总体水平的评价得分为 57.46。与男生相比，女生在言语行为实施、程式语言实施分量表（会话含义理解分量表除外，显著性 p 值为 0.093）上的中介语语用能力表现优于男生，其均值差异性达到统计学意义上显著性水平，差异的变化模式为女生＞男生，这也间接印证了性别是影响中国 EFL 学习者习得中介语语用能力的一个重要因素。

2. 原因讨论

从表 6-2 可知，对于不同的性别群体，EFL 学习者在言语行为实施、会话含义理解和程式话语实施方面有不同的表现。本小节将从以下几方面讨论解释 EFL 学习者中介语语用能力受性别因素影响的原因：自我认知和学习态度、社会语言学视角以及学习者的二语水平。

首先，男生和女生对英语学习的认知和态度不同。一般认为，女生在英语学习中拥有更高的自我认知，而男生在数学和体育学科中拥有更大的自我认知。因此，女生倾向于积极提高中介语的语用能力以实现更有效的沟通交际。访谈记录的数据也证实了这一点。与男生相比，女生在英语学习方面表现出更高的认知和更积极的学习态度。例如，有受试者（女生）提道"我在学习中非常努力。我每天听 BBC 或 VOA 新闻，我喜欢看英语电影""我非常喜欢英语，我非常珍惜与母语人士交流的机会。进入大学后，在英语口语方面取得了快速进步"。然而，男生在学习英语时的自我认知明显降低，态度消极。正如受试者（男性）在采访中提道："我不喜欢英语，我的目标是完成老师的作业并通过考试即可""英语是一种工具，我不想花很多时间在英语学习"。

其次，男生和女生掌握的社会语言学知识有差异。早期研究（Spolsky，

1989）已证明，女生比男生更善于得体的语言形式运用。女生更愿意接受语言中的新形式，更可能摆脱偏离目标语言规范的中介语形式。拉波夫（Labov，1991）认为，在稳定的社会语言学分层中，男性学习者比女性学习者更频繁地使用非标准形式，女性通常对语言使用的标准性很敏感。这些研究表明，女性学习者可能比男性学习者更擅长外语学习。此外，女性倾向于更礼貌的交往，她们希望通过得体的语言使用来提高自己的社会地位，更关注和谐关系在社会关系中的重要性，因此在交际中比男性更多关注礼貌原则和面子原则，比男性能更快地建立语用意识和提高语用能力。访谈记录也证实了该结论。在采访中，有受试者（男）提道"我认为用英语向他人表达主要思想就足够了""我很少注意语言的形式，这对我来说太难了"。相反地，女生在与他人交流时强调了英语的标准性："当我用英语交流时，我会尝试使用正确的语言形式""当我意识到我使用了错误的形式时，我将立即纠正"。此外，女性还提到，她们在交流中总是设身处地地为他人着想，因此她们"在实施威胁他人面子的言语行为时非常小心"。

最后，男生和女生二语水平有差异。在第二语言学习环境中，女性被认为是更好的语言学习者，女性更有动力寻求机会参与第二语言输入的实践和分析。在本研究中，女生的大学英语四级（CET-4）成绩平均分数显著高于男生。在本章后续将讨论二语水平是与中介语语用能力的关系（见第6.6.5节），在一定程度上，学习者的二语水平与其语用能力是呈正相关的关系，女生英语水平明显高于男性，也部分解释了她们在中介语语用测试中表现更出色。

需要指出的是，在会话含义理解的语用能力分量表上，本研究中没有发现因性别变量导致的显著差异。在本研究中，由于所属学校招生的客观条件限制，女性和男性的参与人数并不平衡，男生远远多于女生，这可能是为什么在理解会话含义的能力分量表上没有发现显著差异的原因。

结合先前其他学者的研究和本研究的结论，可以看出，性别是影响中国EFL学习者中介语语用能力的一个重要因素。本小节采用独立样本T检验方法，讨论了中国民航大学EFL学习者的中介语语用能力因性别变量而产生的差异。结果表明,与男生相比,女生在言语行为实施、程式语言实施分量表,以及语用能力总量表上的中介语语用能力表现显著优于男生。差异的变化模式为女生＞男生。本小节也同时从三个方面解释了男女学生之间中介语语用能力的差异:自我认知和学习态度、社会语言学视角,以及学习者的二语水平。

6.5.4 研究结果与分析 3——基于民族变量的中国 EFL 学习者中介语语用能力研究

本小节讨论研究的第三个问题:中国 EFL 学习者的中介语语用能力是否因学习者的民族变量的不同而发生显著性差异变化?如果有,变化模式是什么?采用 SPSS 独立样本 T 检验来计算定量数据。首先,在每个分量表和语用能力总分量表上分析不同民族学生的中介语语用能力的差异情况。最后,针对差异,讨论变化模式和原因。

1. 实验结果

为进一步探讨个体差异对中国 EFL 学习者中介语语用能力发展的影响,本小节依据民族变量,采用 SPSS 均值差异度检验方法——独立样本 T 检验,论证受试者的中介语语用能力在每个语用能力分量表和总分量表上的差异性,统计结果见表 6-3:

表 6-3 受试者中介语的语用能力在民族变量上的独立样本 T 检验结果

策略	性别	均值	标准差	p 值	变化模式
言语行为实施能力分量表	汉族	68.52	3.12	0.031*	汉族＞少数民族
	少数民族	64.38	5.36		
会话含义理解能力分量表	汉族	67.75	12.63	0.002**	汉族＞少数民族
	少数民族	50.82	19.27		
程式语言实施能力分量表	汉族	64.47	11.46	0.011*	汉族＞少数民族
	少数民族	59.05	18.74		

第六章　中国 EFL 学习者的中介语语用能力

策略	性别	均值	标准差	p 值	变化模式
中介语的语用能力总量表	汉族	66.91	10.35	0.012*	汉族>少数民族
	少数民族	58.08	14.47		

注：* 表示 p<0.05，** 表示 p<0.01

从表 6-3 可以看出受试者的中介语语用能力处于中等水平，并因民族变量而产生显著差异，汉族学生的中介语语用能力显著高于少数民族学生。汉族学生在总体水平上的平均得分为 66.91，少数民族学生在总体水平的评价得分为 58.08。与少数民族学生相比，汉族学生在言语行为实施、会话含义理解、程式语言实施分量表上的中介语语用能力表现优于少数民族学生，其均值差异性均达到统计学意义上显著性水平，这说明民族因素能影响中国 EFL 学习者习得中介语的语用能力。差异的变化模式为汉族 EFL 学习者>少数民族 EFL 学习者。

2. 原因讨论

从表 6-3 可知，不同民族身份的学习者在言语行为实施、会话含义理解和程式话语实施三个分量表上有不同的表现，汉族学生的中介语语用能力显著大于少数民族的学生。本小节将从以下几方面讨论解释 EFL 学习者中介语语用能力受民族因素影响的原因：英语水平、英语教育背景、语言负迁移、英语自我概念。

第一，英语水平的差异是导致少数民族学生的中介语语用能力较低的原因之一。在一定程度上，学习者的二语水平与其语用能力是呈正相关的关系，本章后续小节将重点讨论二语水平是与中介语语用能力的关系（见第 6.6.5 节）。根据问卷调查结果显示，汉族学生的大学英语四级（CET-4）平均得分为 446.4 分，而少数民族学生的平均分为 316.08 分，汉族和少数民族的二语水平有显著性差异，显著性 p 值 < 0.01。英语语言水平的不平衡影响汉族和少数民族 EFL 学习者的中介语语用能力发展。

第二，英语教育背景不同。少数民族学生的母语不是普通话或汉语方言，各少数民族的语言都有其独特的语言组织特点，在词汇、发音、拼写、语法各方面都与普通话有鲜明的差异，由于地域风俗的不同，即使是同一语种下,也存在多个不同的语言变体。从访谈中得知,少数民族学生通常是在进入小学后才开始接触汉语普通话,作为第二语言,汉语的使用场景仅限于课堂教学环境,而且少数民族地区的教师汉语普通话也不够标准,没有对学生的语言学习起到标准示范作用。受访者表示"我的中学老师汉语普通话不是很流利,所以我掌握的普通话水平也不高"。大部分少数民族学生是在进入中学后开始接触英语,英语作为第三语言,学习和掌握的难度比汉族学生更大。由于理解和表达普通话已经是一个挑战,因此他们觉得学习英语很困难,并对第三语言学习失去了信心。例如在访谈中,有受访者提道"英语学习太难了,我甚至不会说一口流利的普通话""进入大学后才开始在日常生活中使用普通话"。相反地,汉族学生在小学、甚至幼儿园阶段已经开始接触英语。汉族和少数民族学生的英语学习背景不同,对他们的英语水平有一定的影响,从而导致了他们英语语用能力的差异。

　　第三,来自母语和普通话的双重负迁移。有研究发现,双语背景会影响学习者新的语言智力和认知发展,有双语背景的学习者学习新语言的能力低于单语背景的学习者,双语 EFL 学习者的阅读能力水平低于同龄人。可见,双语背景比单语背景更容易在新语言学习中带来更负迁移效应。在本研究中,可以看到语用迁移对于少数民族学习者以负迁移居多。少数民族学生的母语、普通话和英语属于三种不同的语言系统,在学习英语时候,汉语文化和少数民族文化会影响少数民族英语学习者的语用能力发展,文化差异导致的负语用迁移在少数民族英语学习者身上较为普遍。访谈数据的采集也反映表 6-3 的结论。汉族和少数民族学生都认为,在实施言语行为环节,他们"觉得受到汉语的影响很大""先用汉语思考怎么说,然后再翻译成英语"。此外,也有部分受试者提到言语行为的直接/间接程度不好把握,因为汉语文化在交流中比较推崇间接的方式,但在其母语文化中,"更推崇直截了当",因此他们"无法判断英语言语行为的直接程度"。

　　最后,英语自我概念高低不同。英语自我概念是指学习者对英语学习能力、自信心和成绩的自我认知和评价。英语自我概念主要表现在与他人的交流上,进而影响外语学习的态度。英语自我概念通常在学习过程的初始阶段形成,并受发音影响较大,与学习成绩之间存在显著的相关性。少数民族学生进入大学后,他们接受与汉族学生同等水平的教育,由于汉族学生和少数民族学生的教育背景不同,他们在英语交流能力的差异较大。少数民族语言、汉语普通话和英语这三种语言之间的差异将使学习者无法很好处理英语学习中遇到的困惑。此外,如果他们将自己与汉族学生进行比较,就会因发音和听力的差距产生挫败感,给他们英语交流带来消极的动机。为了掩盖语言能力的弱点,少数民族学生会拒绝在公共场合讲英语,不敢在课堂上回答问题,甚至不参加活动。这样的结果是放弃了英语沟通的机会,导致中介语语用能力发展停滞不前。访谈中的数据反映了少数民族学生的英语自我概念较低。在受访的少数民族学生中,有超一半(60%)的受试者提到认为自己英语不好,害怕尴尬,在课堂上或遇到英语母语人士时保持安静:"我的英语发音不标准,所以我很少用英语发言。""我的同学都能说流利的英语,比起他们的发音,我的发音而且带有浓厚的口音。说英语时会感到很紧张。"

本小节采用独立样本 T 检验,分析中国民航大学 EFL 学习者的中介语语用能力因民族变量而产生的差异。结果表明,汉族 EFL 学习者在言语行为实施、理解会话含义、程式语言实施分量表,以及语用能力总量表上的中介语语用能力表现均显著优于少数民族 EFL 学习者。差异的变化模式为汉族 EFL 学习者>少数民族学习者。本小节也同时从三个方面解释了造成这种差异的原因:英语水平、英语教育背景、语言负迁移、英语自我概念。

6.5.5 研究结果与分析4——基于英语水平变量的中国EFL学习者中介语语用能力研究

本小节讨论研究的第四个问题:中国 EFL 学习者的中介语语用能力是否因学习者的英语水平变量的不同而发生显著性的差异变化?如果有,变化模式是什么?采用 SPSS 皮尔逊相关分析和单因子方差分析方法来计算定量数据。论证受试者的中介语语用能力在每个语用能力分量表和总分量表上的差异性。最后针对差异,讨论变化模式和原因。

1. 实验结果

为进一步探讨个体差异对中国 EFL 学习者中介语语用能力发展的影响，本小节依据学习者的英语水平的变量，采用 SPSS 皮尔逊相关分析和单因子方差分析方法，论证受试者的中介语语用能力在每个语用能力分量表和总分量表上的差异性。在对不同水平的学习者进行分组时，本研究以参与问卷的受试者（329 人）为样本，以"大学英语四级（CET-4）"分数为依据，将成绩前 30% 和后 30% 的受试者划定为高分组、低分组，其余为中间组。笔者先进行受试者二语水平与中介语语用能力的皮尔逊相关分析，再以高、中、低三组受试者的分数为自变量，以中介语语用能力总量表及 3 个分量表为因变量，对不同分组受试者的中介语语用能力情况进行单因子方差分析，结果见表 6-4 和表 6-5。

表 6-4　受试者中介语的语用能力与英语水平的相关性分析

	言语行为实施能力分量表	会话含义理解能力分量表	程式话语实施能力分量表	中介语的语用能力总量表
高分组（99 人）(R^2=0.227)	0.476** (R^2=0.093)	0.305* (R^2=0.112)	0.334** (R^2=0.135)	0.367**
中间组（131 人）(R^2=0.099)	0.315* (R^2=0.040)	0.201 (R^2=0.014)	0.118 (R^2=0.051)	0.225
低分组（99 人）(R^2=0.031)	0.176 (R^2=0.080)	0.282 (R^2=0.021)	0.144 (R^2=0.064)	0.252

注：* 表示 $p<0.05$（双尾检测），** 表示 $p<0.01$（双尾检测）

表 6-4 显示，对于高分组的受试者，二语水平与言语行为实施能力分量表呈中度显著正相关（相关系数 r=0.476，$p<0.01$；决定系数 R^2=0.227），与其他两项语用能力分量表（会话含义理解、程式话语实施）及中介语的语用能力总量表呈低度显著正相关（其相关系数均介于 0.305 和 0.367 之间）。对于中间组的学生，除言语行为实施能力分量表呈低

度显著正相关（相关系数为 0.315），其他分量表（会话含义理解、程式话语实施）及中介语的语用能力总量表均与二语水平无显著相关关系。对于低分组的学生，不论中介语的语用能力总量表还是各分量表都与二语水平无显著相关关系。从表 6-4 可得结论：中介语的语用能力在不同二语水平的受试者身上呈现不同的影响：二语水平高的受试者，中介语的语用能力与英语成绩呈显著正相关，二语水平中等和较差的学生，中介语的语用能力与英语成绩无显著相关（但也应留意，言语行为实施能力仍与二语水平中等学生的英语成绩保持低度显著相关）。

表 6-5 受试者中介语的语用能力与英语水平的单因子方差分析

	组别	人数	均值	标准差	自由度	F 检验	Scheffe 比较法	均值差
言语行为实施分量表	高分组	99	79.8	2.35	2	18.482**	高分组>中间组	19.92*
	中间组	131	59.88	3.84			高分组>低分组	20.15*
	低分组	99	59.65	4.62				
会话含义理解分量表	高分组	99	72.54	6.81	2	16.681**	高分组>中间组	20.2*
	中间组	131	52.34	11.14			高分组>低分组	20.51*
	低分组	99	52.03	14.31				
程式话语实施分量表	高分组	99	66.45	7.68	2	15.452**	高分组>中间组	14.38*
	中间组	131	52.07	9.53			高分组>低分组	16.22*
	低分组	99	50.23	11.91				
中介语的语用能力总量表	高分组	99	72.93	5.56	2	20.780***	高分组>中间组	18.17*
	中间组	131	54.76	8.53			高分组>低分组	18.96*
	低分组	99	53.97	10.61				

注：* 表示 p<0.05，** 表示 p<0.01，*** 表示 p<0.001

表 6-5 方差分析 F 统计量显著性表明，三组受试者在言语行为实施、会话含义理解、程式话语实施分量表以及中介语的语用能力总量表方面均存在显著差异（p 值均小于 0.05）。由于方差分析 F 统计量属于整体检验，当 F 值达到显著时，仅表示至少有两个组别均值间的差异达到显著水平，至于是哪几对配对组均值的差异达到显著，则须进一步事后多重比较。方差同质性检验结果显示，各因变量显著性 p 值均大于 0.05，因此本文采用 Scheffe 法进行事后多重检验。表 6-5 的 Scheffe 法多重检验显示，高分组的均值显著高于中间组和低分组的均值，中间组和低分组的均值之间差异不显著。结论表明，中介语的语用能力在不同二语水平的受试者身上呈现不同的影响：英语水平高的 EFL 学习者在言语行为实施、理解会话含义、程式语言实施分量表，以及语用能力总量表上的中介语语用能力表现均显著优于英语水平中等和较低的 EFL 学习者；英语水平居中和较差的学生在中介语语用能力总量表和各个分量表的能力表现上，不存在显著性的差异；变化模式是高分组＞中分组、低分组。

2. 原因讨论

从表 6-4 和表 6-5 可知，EFL 学习者的中介语语用能力与英语水平有关，不同英语水平的 EFL 学习者在言语行为实施、会话含义理解和程式话语实施三个分量表上有不同的表现，其中，英语水平高的受试者比英语水平中等及较差的受试者具有更好的中介语语用能力，差异变化模式为高水平＞中水平、低水平。本小节将从以下几方面讨论解释 EFL 学习者中介语语用能力受英语水平因素影响的原因：认知风格、学习动机、课外英语学习。

首先，认知风格的差异会影响学习者中介语语用能力和语言水平之间的关系。语言学习者在理解和表达二语言语行为的过程中有使用第一语言思维的倾向性，语言学习者处理信息的能力受到任务性质或自身信息处理能力的影响。为了最大限度地提高信息处理能力，语言学习者通常会将其语言技能程序化，以降低信息处理的压力。罗孚（Rover, 2014）[245] 指出，语言水平高的学习者信息处理能力强于语言水平较低的学习者，因为前者掌握了在言语交际过程中的间接表达手段和实施言外行为的能力，这种手段和能力可以极大提高语言学习者二语的熟练程度。

访谈记录也佐证了该结论：高水平的语言能力学生提道"在问卷测试中，我没有花很多时间组织我的语言""我可以直接组织英语进行发音"相反地，语言水平低的受试者在完成问卷 A（实施言语行为）时耗费时间更长，因为"在完成言语行为任务时，我是思考应该用中文说什么，然后我将话语翻译成英语，最后检查句子结构和语法性"。

其次，学习动机也会影响学习者中介语语用能力和语言水平之间的关系。学习动机直接影响到 EFL 学习者的学习需求和意愿，会极大左右二语学习者的学习态度。学习动机与 EFL 学习者的语用能力呈正相关，学习动机有助于语言学习者积极将二语内化到中介语系统。语言学习成功的优秀学习者往往具有更高的学习动机，所以也愿意投入更多的时间和精力来提高在语言学习各方面的技能。由于语言能力较低的学习者中介语语用能力不高，所以只能关注语用输入的表面特征，语言水平较高的学习者则可以更深入的方式处理语用输出，结果是可以在二语交际中以更有效的方式进行表达。在本研究中，语言水平高的受试者在问卷测试中也获得了高分数，这得益于他们在学习中介语语用学方面的学习动机。访谈记录的结果也佐证了该结论，语言水平高的受试者会觉得"很想学好英语，认为语用知识在语言学习中非常重要，当我能够使用英语与母语人士顺利交流时，感到自豪""在高中阶段，英语是我最喜欢的科目，所以花了很多时间学习"。相反地，英语中等水平和较低的受试者反映出来的英语学习动机不强或很弱："我学习英语的动机不是很高，因为将来不会在工作中使用英语，学习的目的是通过考试，满足老师的要求""我不喜欢英语，我的兴趣不是英语，学习英语是为了让我的父母开心"。

最后，课外英语学习也会影响学习者英语水平和中介语语用能力之间关系。从访谈记录可看出，语言水平高的学习者对英语的课外学习有更多的兴趣，英语水平低的学习者英语学习的学习时间仅集中于课堂任务。采访中，大多数语言水平高的受试者会在课后规划时间进行英语自主学习，通过看英语电影、阅读英语新闻，与外国人交流等方式拓展英语语用知识。通过课外学习，受益匪浅："借助电影和阅读材料，我了解了很多课堂学不到的英语典型表达，通过和外国朋友的交流，加深对英语文化的理解"。相反地，语言水平低的受试者在访谈中反映很少或者没有课外阅读英语的习惯，因为"课堂上学到的知识还没有完全吸收，目前掌握的英语还不能胜任课外自主阅读和外国人交流"。

以上是从认知风格、学习动机、课外英语学习三个角度论证分析了高分组 EFL 学习者二语水平与中介语语用能力之间存在正相关的原因。从表 6-5 我们还得出中分组和低分组的 EFL 学习者中介语语用能力大体上不存在显著差异的结论。笔者认为有两个原因。一方面，目前已有部分的研究人员（Takahashi，2005）发现，学习者语言水平和中介语语用能力之间不存在相关性。另一方面，中分组和低分组是按照大学英语四级（CET-4）成绩进行划定，在语言知识方面两组受试者存在高低之分，但可能在语用能力方面，大学英语四级成绩还不足以达到完全区分中分组和低分组的标准，因此中分组和低分组的受试者在中介语语用能力上区分度还很模糊，同时他们的语言水平还没有达到充分理解问卷文本的程度，导致对问卷部分的题目理解不清。采访中的数据也证实了这一点，因为一些受访者提道："理解问卷中部分题干对他们来说仍然很困难，存在新单词和不熟悉的表达"。因此，在本研究中，中分组和低分组的语言水平差异对中介语的语用能力影响有限，两组的语用能力组间差异不显著。

本小节采用 SPSS 皮尔逊相关分析和单因子方差分析方法，分析中国民航大学 EFL 学习者的中介语语用能力是否因学习者的英语水平不同而发生显著性的差异变化。结论表明，中介语的语用能力在不同二语水平的受试者身上呈现不同的影响：英语水平高的 EFL 学习者在言语行为实施、理解会话含义、程式语言实施分量表，以及语用能力总量表上的中介语语用能力表现均显著优于英语水平中等和较低的 EFL 学习者；英语水平居中和较差的学生在中介语语用能力总量表和各个分量表的能力表现上，不存在显著性的差异；变化模式是高分组＞中分组、低分组。本小节也同时从三个方面解释了造成这种差异的原因：认知风格、学习动机、课外英语学习。

小结：本案例研究以中国民航大学非英语专业学生为研究对象，研究目的是结合性别、民族、英语水平等变量，探究中国 EFL 学习者的中介语语用能力情况。研究结果表明，中国 EFL 学习者在二语习得过程中的中介语语用能力水平总体上处于中等水平，但在实际的语用测试环节上，由于不同变量的影响，表现水平呈现较大的差异性：女生优于男生；汉族学生优于少数民族学生；二语水平高的学生比二语水平中等或较差的学生在中介语语用能力的运用和理解方面表现更突出，在测试的三个问卷环节均表现出显著的差异性，但英语水平居中和较差的学生在中介语语用能力总量表和各个分量表的能力表现上，不存在显著性的差异；变化模式是高分组＞中分组、低分组。结合对随机抽样的 20 名受试者样本的访谈，可知多数学生对英语的学习有浓厚的兴趣，并试图学好英语，但普遍对英语学习存在畏难情绪，在学习策略上，很少主动采取措施进行动机调控，语用能力的发展受到语言能力、认知风格、学习动机、英语自我概念、母语迁移等方面因素的影响。

6.6 总结

本小节回顾第六章主要内容，同时展望未来，讨论中介语语用能力教学的可行性措施。

6.6.1 本章小结

本章的主体内容是一项实证研究，以案例分析的形式，采用定量和定性相结合的研究方法，以中国民航大学非英语专业本科生为研究对象，以中国 EFL 学习者的中介语语用水平和语用能力的发展模式为研究目标，从中国 EFL 学习者实施言语行为、理解会话含义、实施程式话语三方面入手，研究中国 EFL 学习者的中介语语用能力现状，揭示了性别、民族、英语水平变量因素对中介语语用能力发展的影响以及中国 EFL 学习者中介语语用能力的发展特征。案例分析之前，本章首先回顾了语用学领域常见的几个理论，如言语行为理论、会话含义理论、礼貌原则、关联理论等；接着简要介绍了中介语语用学的定义、研究范畴、研究意义；最后重点围绕两组语用学核心概念——交际能力和语用能力，回顾了中介语语用能力测试的相关文献和研究成果，对主要的研究领域进行了理论溯源和关键术语的厘清。

6.6.2 语用能力培养的教学启示

笔者结合学习和教学经验认为，针对学习者语用能力的培养这个问题，可从课内到课外，教师到学生，教材到环境多角度、全方面地进行可行性措施的探索和讨论。

1. 提高教师自身的语用能力

教学过程中，教师起着言传身教的作用，教师自身的语用能力必将对学生产生直接深远的影响。教师可选择合适的教材或相关文章来提升和充实自己。教师在加强自身语用素养的同时，也能对学生的语用失误给予及时的纠正和指导。托马斯（Thomas，1983）认为，语言教师不应仅满足于记录学生的语用失误事实，更应深入调查背后的原因，并采取相应的教学措施。在适当时间，还可以举办专题讲座，传授相关语用学知识，这对师生双方来说都是大有裨益。

2. 开设语用学选修课程

何自然（1997）[201-202]认为，英语的语用能力不会随着学习者的英语语言能力的提高而提高，语用知识是需要教的。戴伟栋等赞成通过课堂教学，增加语用输入，实现提高学习者语用意识的效果（戴伟栋、杨仙菊，2005）。由此看来，针对本科学生开设语用学选修课、传授语用学知识在当前的英语教学环境下是大有必要的。借助语用理论的指导，学生可以更好地完成语言实践，推动学生有意识地运用语用规则，发展语用能力。语用知识的教授和语言知识同步进行，也有助于学生在掌握语言知识的同时，深入理解目标语形式背后的交际功能。因此，对课堂选用的语用知识要精挑细选，尤其要注意容易引起跨文化交际失误的语用知识的讲解。

3. 利用网络教育资源

二语教学依据教学大纲完成课内教材的学习，还可以利用互联网渠道，全面挖掘符合学习者二语水平的语用教学资料。与传统教材相比，网络教学资源具有更强的实效性和广泛性，借助这些网络教辅，学习者缩小了与目标语国家之间的时空距离，也大大激发了学习者的学习热情。原版报纸、杂志、影像资料不仅可以帮助学习者了解目标语规则，还进一步把目标语文化知识传递给学习者，对于学习者二语语用能力的培养与发展有极好的促进作用。因此，高校教师在语用能力教学实践中应结合网络移动教学平台，遴选权威性的教学辅助材料，将辅助材料融入语用教学实践之中，促进学习者语用理解能力的提升。

4. 课堂语用教学

在当前，课堂语用教学是提高学习者语用能力有效途径。研究表明，在课堂上以显性教学方式进行语用教学，并为学习者创设真实的交流语境，可以大大促进学习者发展语用能力。首先，在课程设置上，分别设置语言基础课和语言实践课。语言基础课注重的是目标语语言知识的输入，主要解决词汇、语法、语音等方面的知识问题；语言实践课则注重语言技能的实践运用，主要培养学习者阅读、写作、听说等方面的能力。课程分类设置的目的是把学习者语言知识的输入与语言技能的培养有机结合到教学过程中，让学习者在语言输入的同时主动进行语言输出。其次，课堂教学过程中应注重突出显性言语行为教学，强化对学习者的语用输入，提高学习者对常用言语行为语言特征的关注度。教师在显性教学过程应注意将重心放在两方面：对语言结构的语用解释；语用策略的正确使用。最后，不管是语言形式的教学，还是语用知识的传授，教师都应将两者与语言功能和语境相结合。在真实的语境下使用目标语，有助于培养学习者的判断推理能力，有助于帮助学习者进一步理解语用理论，并把它们潜在的知识内容付诸实践。如何营造目标语语境？可借助多种课堂教学手段：课件、图片、影视，以及其他在线资源。

5. 加强目标语文化元素的导入

语言和文化密切相关，语言在文化传承中起着重要作用，语言的形成变化也同样深受文化的影响。不同的文化孕育了不同的语言，跨文化语用失误的原因之一就是对目标语国家文化知识的无知。所以课堂教学除了传授语用知识、培养语用意识之外，还应注意把语言形式的教学与跨文化交际相结合。因为教语言同时亦是教文化的过程，教师应在教学中融入目标语文化元素，随时为学习者提供目标语国家的文化习俗，特别是社交应酬中诸如称呼、问候、告别、寒暄、道歉等方面的常识，帮助学习者了解母语与目标语国家的文化差异，掌握与语言文化交流有关的概念及指导原则，从而减少语用失误的频率。这就要求教师熟悉两种语言之间的文化差异，在课堂教学中灵活穿插两种文化的对比分析。此外，作为民族文化的反映，典故、隐喻、禁忌语等方面的教学也不应忽视。表情、声音、肢体动作等方面的非语言交际能力的培养也是教学过程中容易被忽略的问题，例如，如何根据与对方熟悉的程度来确定交谈过程中双方的肢体距离？说话时如何保持恰当频率的目光接触？

6. 培养学生的语用意识，减少语用失误

当前国内许多英语教师仍未充分意识到语用知识传授的重要性，认为只要提供充分的目标语接触，学生的语用能力就会自动获得。研究表明，在缺乏目标语真实语境的情况下，课堂教学比自然接触更有助于提高学习者语用能力。教师应结合教材知识，适当地增加语用规则和语言习惯的讲解，引导学习者关注目标语的语言形式和运用规则，提高学习者语用知识的准确性和得体性。在二语习得过程中，导致语用失误的主要原因是中西方文化和价值观的差异，语言学习者如果不了解跨文化之间的差异，很容易在社交过程出现语用失误。请看下边例子，一位在中国旅行的外国人想上洗手间，与中国导游展开对话：

Foreigner: I wonder if I could go somewhere?
Guide: Sure! You can go anywhere in China.

显然，导游仅按照字面意义的理解进行交际，并未把对话中的"somewhere"与特定语境联系，从而造成了语用失误，给外国友人留下中国环境卫生管理不良的印象。可见，语言学习者如果缺乏跨文化对比分析的能力，即使能正确习得目标语的语音、语法知识，在实际交际过程中，语用失误仍是不可避免。因此，为了减少跨文化差异导致的语用失误，提高学习者的语用意识，教师有必要把语用知识的讲解渗透到具体的教学环节，注重引导学习者了解跨文化差异，科普目标语国家的传统文化和风俗习惯。

7. 改革考核方法

考核目的是检验学习者目标语的运用能力。传统考核方法的目标是考核语言能力而非语用能力,容易出现"高分低能"的后果,导致语用失误频频发生,影响学习者的语用能力发展。因此有必要革新传统的考核模式。1)在考核内容方面,同时兼顾口语和书面语两种语言形式。例如,当前全国大学生英语四、六级考试均增加了口语环节。需要注意的是,口语考试不仅要测试学习者语言表达的准确度,还要测试语言交际的得体程度。2)在考核对象方面,考核不应仅针对学习者,也应包括对教师教学的反馈。教师根据评价体系的反馈信息,适时调整教学方法,进一步满足学习者的学习需求。3)在考核标准方面,教师尽量采用鼓励性反馈,激发学生的学习动机。教师应了解每位学生的个性特征,因材施教,充分激发学习者的学习热情,发挥学习者的主体能动性。

8. 加强学生课外阅读

研究表明,通过阅读,学习者会加深对目标语语义的理解和语境的感受,从而实现提高语用能力和拓宽知识面。笔者将阅读方法归为两类:广泛阅读和分类阅读。广泛阅读是指学习者大量阅读各种资料,包括目标语的文化背景知识材料、幽默故事、人物传记、文学作品等。例如,中国民航大学的大学英语教改加入了"外研阅读"的在线阅读平台,每学期指定阅读书籍目录,评价标准覆盖学生的阅读总量、阅读习惯、阅读互动等环节,鼓励学生进行广泛的课外阅读。分类阅读是指学习者在特定条件下有意识地进行某一类别的专项阅读,达到培养语用能力的目的。分类阅读在帮助语言学习者学习语用知识的同时,引导学习者对所学内容进行总结,在一定程度上能快速提高学习者的外语应用准确度。

总之,外语教学目的是让学习者掌握目标语的知识和应用技巧,实现在跨文化语境下自由、得体交际的目标。外语教学中不仅要关注学习者语言知识和规则的学习,更应重视学习者语言运用能力的发展。为了充分满足教育发展的需要,教师应从自身能力、教学内容、教学方法、教学考核等多方面进行教育革新。把学习者语用能力的培养及时纳入课程设置和培养方案中,并在日常的常规教学过程中充分落实。

第七章　结束语

　　本书的研究对象是中国 EFL 学习者的中介语能力，全书分七个章节，讨论了中国 EFL 学习者的中介语发展规律和模式。其中，第一章作为导语，介绍了与研究主题有关的一些基本概念：中介语的定义、中介语研究的历史背景、中介语的特征、中介语形成的原因及其发展模式，以及国内外对中介语形成过程的认知解释和研究模式。第二章的主题是中介语的石化现象，重点讨论了中介语石化现象产生的原因、应对措施、石化的本质和类型等内容。第三章围绕中介语的变异性，讨论中介语的变异本质、种类、变异性与系统性的关系，以及导致学习者中介语变异的原因。第四章的主题是中国 EFL 学习者的中介语错误分析，结合 iwrite 在线写作系统的语料数据，从语言错误、语用失误两方面分析中国 EFL 学习者中介语错误的成因和类型，同时从对待错误的态度和教学中的错误纠正两方面提出针对中国 EFL 学习者中介语错误的纠正策略。第五章讨论的是中国 EFL 学习者中介语的交际策略，围绕交际策略的类型，交际策略的影响因素、交际策略的作用，分析中国 EFL 学习者的中介语交际策略的发展规律和特征，并结合教学实践，强调从教学大纲、教学方法、运用测试三个途径培养学习者的交际策略。第六章的主题是中国 EFL 学习者中介语的语用能力分析，以案例分析的形式，采用定量和定性相结合的研究方法，以中国民航大学非英语专业本科生为研究对象，以中国 EFL 学习者的中介语语用水平和语用能力的发展模式为研究目标，从中国 EFL 学习者实施言语行为（speech act）、理解会话含义（conversational implicatre）、实施程式话语（routine）三方面入手，研究中国 EFL 学习者的中介语语用能力现状，揭示了性别、民族、英语水平变量因素对中介语语用能力发展的影响，以及中国 EFL 学习者中介语语用能力的发展特征。第七章是本书的结论，包括中介语研究对我国外语教学的启示、当前国内中介语研究存在的局限性，以及对未来我国中介语研究的展望和建议。

7.1 中介语研究对我国外语教学的启示

中介语理论认为，学习者的二语系统不同于目标语和母语系统。二语习得过程是建立一个新语言系统的过程。该理论对二语学习的过程和学习错误进行了全新的解读，对外语教学具有启示意义。以该理论为指导，结合日常教学的实际经验，作者认为，我国的外语教学应在以下几个方面作出调整：

1. 教学计划应符合学习者中介语发展的规律

中介语理论认为，学习者中介语发展具有动态性和阶段性的特征，其形成和发展具有内在连贯性。随着学习程度的深入，学习者的中介语始终处于不断向目标语靠近的动态过程之中。在这一过程中，中介语呈现明显的阶段性特点。因此，教师制订的教学计划和教学安排应该符合中介语发展的这一客观规律。在不同的外语学习阶段，教师提供的学习内容和练习形式都应该适应学习者的中介语水平和发展阶段，既不能"偃苗助长"，也不可"扯后腿"，延误学习者的中介语发展契机。一般认为，教师应为学习者提供适合其中介语发展阶段，或稍高于其现有目标语水平的学习内容，使所学知识能够被学习者理解、内化和运用。

2. 外语教师应该正确认识学习者的学习错误

中介语理论认为，二语习得过程就是学习者不断假设、验证、内化目标语语言规则，不断纠正与目标语语言规则不符的语言错误，使中介语无限接近目标语系统的过程。学习者在语言学习过程中所犯的各种语言错误是各阶段中介语水平的真实外化表现。众所周知，教师对待语言错误的态度将直接影响学习者的学习策略和中介语的发展。教师应科学、客观地对待二语学习者的语言错误，并借助错误分析的方法和手段了解学习者的中介语发展情况，确定与之相适应的教学方法。

一方面，教师应摒弃视错误为"洪水猛兽"的观念。在传统的教学观念中，教师对学习者的语言错误普遍容忍度较低，认为应该有错必纠。这种观念给学习者带来了不小的心理压力。在语言学习过程中，特别是目标语输出的时候，学习者可能会因为害怕犯错误而导致不敢尝试的情况发生。这势必会影响学习者的中介语发展。教师应该认识到，学习错误是学习者的中介语由一个阶段发展至下一个阶段的必经过程，也是学习者中介语系统发展的标志。教师要用发展的眼光、宽容的态度来看待这些错误。帮助学习者认识到犯错是不可避免的，要放下害怕犯错的心理包袱，敢于实践。在教学中，要允许错误的存在，并有效把握错误演化的趋势，从而促进学习者的中介语向目标语不断接近。例如，在口语交际训练中，学习者的目标语口语输出往往错误较多，为实现交际目的，保证交际的流利性和完整性，教师对局部的语言错误可采取容忍态度，不宜频繁打断学习者进行纠错。

另一方面，教师也要警惕对错误"放任自流"的态度。抛开准确性谈语言学习无异于建设"空中楼阁"。有些错误如果长时间得不到纠正，会因"积习难改"而发展成为中介语石化现象。在教学中，如果教师对语言错误一味地表现出"无所谓"的纵容态度，学习者就会产生"这样说也可以，那样说也可以"的学习态度，从而失去对语言准确性的敬畏之心。长此以往，也必将影响学习效果和中介语的健康发展。因此，重视语言准确性和尽量减少不必要的语言错误的频率也是教师在课堂上要传递给学习者的理念。例如，在一些强调语言准确性的专项练习中，教师应重视学习者的错误，采用多种办法，帮助学习者纠正错误。有效纠错是语言教学的重要一环，也体现着外语教师的教学艺术。

3. 外语教师应加强学习者学习策略的训练

中介语理论认为，外语学习的过程就是建立新语言系统的过程。一个新语言系统的建立过程，既包括知识体系的完善，也包括学习策略的养成。受这一理论的启发，外语教师应该认识到外语教学绝不只是教授语言知识的过程。正所谓"授人以鱼不如授人以渔"。在教学过程中，教师还要注重培养学习者的自主学习能力，帮助他们解决"怎样学习"的问题。外语教师与学习者共度的学习时光毕竟是有限的，然而，学习者的二语能力发展要伴随学习者很长时间。因此，教师除了要"教知识"，还要"教方法"。在加强学习策略训练的过程中，教师要引导学习者学会运用转述、副语言等主动积极的学习策略，鼓励和帮助学习者放弃沉默、回避等被动消极的学习策略。"沉默期"的概念由埃利斯（Ellis）提出，他认为部分二语学习者在某一学习阶段不愿用目标语进行交际；也有一部分学习者会选择回避策略进行消极交际。作者在教学中发现，这一现象在英语专业二年级的学生中普遍存在，特别是在口语交际训练中表现得更为突出。在口语课堂上，面对教师启发式的提问，学生往往保持沉默，或使用最简单的"Yes"和"No"作答。要想克服这些会阻碍学习者中介语的发展的学习策略，就需要教师充分利用各种教学手段和资源，设计更能引起学生兴趣的，更贴近学生现实学习和生活的口语交际话题和训练形式，尽可能多为学生创造目标语交际的环境和条件，不厌其烦地鼓励学生用目标语进行交流。如何变教法为学法是外语教师始终要思考的重要问题。

4. 外语教师应改变传统外语教学中"重语言知识、轻语用能力"的观念

中国的外语课堂普遍重视语法教学，导致学习者的应试能力大大强于其在自然交际环境中实际运用语言的能力。语言教师必须认识到目标语知识水平并不能完全与学习者的目标语交际能力画等号。在日常教学中，我们经常会发现一种现象：某些学习者的语言水平和知识储备并不差，但是在交际活动中往往表现不如人意，表现得不知所措，语用失误也频频发生。众所周知，语言不能脱离环境而存在，学习者所学的知识必须有一个能够"学以致用"的场合。因此，首先，在课堂教学中，教师既要为学习者提供"最优化的目标语输入"，也要为他们创造各种各样的目标语语境，鼓励学生在各种场合运用恰当的目标语进行交际。其次，教师要引导和鼓励学习者在课堂以外积极寻找各类目标语语境。充分利用学校和网络上的资源，通过参加如"英语角"、各类英语演讲和辩论比赛、AI 对话等交际活动，锻炼学习者的目标语交际能力。第三，在教学过程中，教师要注重培养学习者的跨文化意识和能力。语言是文化的载体，是思想的外化，语言与文化从来都不能割裂开来。学习一个

国家的语言不只是学习它的词汇和句法，也应包括该国的历史和文化。学习目标语国家的历史和文化可以被看作是外语学习的一个支点。通过这个支点，学习者能够更好地建立中介语语言系统，对其正确运用目标语语言规则往往可以起到事半功倍的作用。在实际教学中我们也发现，当一个学习者对目标语国家的历史和文化产生兴趣，其目标语学习的内驱力就越大，视野就越开阔，学习策略的运用就越合理，学习效果就越好。因此，在教学中，外语教师应有意识地寓文化教学于语言教学中，鼓励学生阅读与目标语国家文化有关的书籍，培养学生的跨文化交流意识，从而减少语用失误和中介语石化现象的产生。

5. 外语教师应不断优化外语教学环境

在多元化的学习环境下，教师应借助混合式"线上+线下"教学手段，打造除第一课堂以外的第二、三课堂，不断优化教学环境，强调学习者语言输入和语言输出的平衡，帮助学习者检验其中介语发展水平。结合我校的经验，在第一课堂的教学中，教师应最大限度地给予学习者标准的、地道的"最优化"目标语语言输入，供他们模仿和参照，以此作为其建立中介语语言系统的基础。在第二课堂里，通过创设情景，为学习者创造目标语语言环境。学习者通过经典诵读、影视配音、影视再现、模拟辩论、调查报告、演讲模仿等多种多样的小组展示活动，对第一课堂所学的语言知识进行内化和运用。在第三课堂中，引导学生自主学习。通过U校园、iwrite、Utalk、外研阅读、词达人等多个学习平台，规范学生自主学习的方式、学习内容和学习时长。从而，将教师话语时间和学生话语时间进行有机整合。

6. 教育部门应积极推动外语教材编写的科学性

教材、教师、教法是教学活动中最重要的三个环节，其中，教材居于首位。教学活动总是要依赖特定的教材逐步展开。教师的教学方法和手段也不能完全脱离教材。因此，教育部门必须重视各类外语教材的编写和出版。中介语理论认为，学习者语言能力的发展有固定的次序和阶段性。教材的选材应充分考虑学习者的语言发展阶段，循序渐进地提升学习者不同阶段的中介语水平和能力。

总之，随着我国教育事业的不断发展，与外语教学相关的改革如火如荼地进行着。作为外语教学的从业者和改革的亲历者，我们发现中介语理论对外语教学理念和教学改革的指导意义不容小觑。该理论对改善我国外语教学的现状、提高我国外语教学质量具有重要的指导作用。

7.2 我国中介语研究存在的局限性

从中介理论的引入到今天，我国对中介理论的研究范围逐渐扩大。由于研究者们的长期努力，中介语的研究成绩斐然：比较全面地介绍、引进了中介语理论，从多个角度研究了中介语的源起、石化以及变异性等核心问题；在研究方法领域，实证研究得到越来越多学者的重视，研究方法也在逐步从基于直观观察的定性研究转向基于问卷的定量研究，特别是最近兴起的大型语料库研究和跨学科研究方法，融入了计算机科学和认知神经科学等领域的最新研究成果。然而，与国外研究相比，国内的研究力量还很薄弱，存在领域不够宽、研究方法偏向定性研究、研究成果的转化率还不够高、对外语教学改革的反哺和推进作用还不够明显。国内中介语的研究具体在以下三个方面仍有不足：

1. 研究方法还不够完善

目前，国内中介语的研究缺乏足够的理论创新动力，语料的分析方法和可信度还不够严谨。研究成果多数是关于外国理论的介绍性文章。大多数实证研究都是静态共时研究，长期的动态历时研究严重匮乏。实证研究在深度、广度、准确度方面还有待加强。

2. 研究内容的深度和广度仍有待提高

尽管国内中介语的研究已取得了很多成果，但研究成果主要是文章，全面介绍中介语的专著数量还较少。中介语理论的研究一直是在第二语言习得理论的背景下开展的，导致理论的发展过于宽泛和笼统，没有系统的学科。国内的中介语研究当前主要依靠外国研究成果，更多关注语言产出过程中的单个层面的特征，如语法、词汇、语音等语言特征。然而，对发展模式和中间水平等一般特征并没有明确定义，对于中介语发展的全局性规律和阶段性特征则存在不少研究空白。中介语研究的一项重要任务是划分其各个发展阶段并找出发展规律。一般来说，学习者的中介语系统在不同的水平上应有所不同。为了区分和描述不同水平的中介语系统，不仅需要成熟的理论体系作为研究的理论基础，还需要创建大量丰富、真实的语料数据库作为研究的实证依据。

3. 研究成果的有效应用不足

在语言学习过程中的个体差异是不可避免的，而理论研究的主要目标之一就是确定语言习得的普遍定律和导致个体习得差异的原因，并将其运用于指导教学工作，通过控制和干预学习者的学习过程，实现学习者中介语的健康良性发展。由于国内外语言学习者的学习环境和个体情况存在显著差异，因此不能照搬国外的研究结论，只有深耕我国 EFL 教学实际，灵活运用国外成熟的理论研究成果，才能为我国 EFL 教学提供有针对性的参考价值。另一方面，国内中介语研究立足于本土学习者的个体特点，也积累了较多的研究成果，但成果的转化运用还远不如第二语言习得领域的其他理论。理论研究来源于实践，最终的落脚点应是回归实践。因此，无论从研究方法和研究内容，还是从研究深度和范围以及研究结果的应用来看，我国当前的中介语研究仍有很大的改进空间。外语教师和语言研究人员应努力开发和论证一套适合中国 EFL 学习者特点的中介语理论，并通过实证研究来证明和检验理论的可行性。

7.3 我国中介语研究的发展展望

语言学家和教育工作者应结合我国中介语研究的现状和存在的差距，从语言教学入手，开展具体的基础工作，如田野调查、语料库建立。在此基础上，将成熟的中介语理论应用于科学分析和实验工作，客观地论证中国 EFL 学习者中介语系统的发展规律，将研究成果应用于实践教学，将外语教学与理论研究紧密结合，提高外语教学水平。基于以往研究的结果和差距，笔者从研究方法、内容、深度和应用等方面为未来的中介语研究提出四点建议和个人观点。

1. 改进研究方法

二语习得理论最初是假说，只有经过实证检验才能在理论上发展起来。实证研究的检验效果同样适用于中介语的理论研究。目前，国内的中介语研究主要采用定性研究方法，而定量研究起步则相对较晚，因此国内研究者还应继续加强对中介语的实证研究。有三个问题需要特别关注：首先，注意研究工具的选择。目前，国际研究人员开始越来越关注多个因素对中介语发展的综合影响，国内研究人员仍倾向于使用单一的数据收集工具。因此为了更全面、更客观地把握中国 EFL 学习者的中介语发展规律和特征，国内研究界应从不同的角度采用不同的数据收集方法。由于过去研究条件的限制，语料的收集主要是通过问卷的方式进行，如翻译方法、完形填空法、看图说话法、语法判断法、自我评估方法等。这种方法的优点是数据收集快速且有针对性，不足在于收集方法带有诱导性输出的痕迹，无法完全反映出学习者目标语言的自然输出。因此研究工具的选择也必须随着时间的推移与时俱进。随着计算机科学和语料库语言学的飞速发展，在不久的将来，语料库将成为中介语研究的主要数据源，语料库的研究方法最终将成为中介语研究的主导方法。特别是近年来，多模态语料库的出现为中介语的音频、视频、文本的数据分析提供了可能性，大大增加了中介语研究的范围和深度，促进了中介语研究朝立体化发展。然后是受访者的问题。其次是调查对象的问题。国内的中介语研究主要针对大学生或中学生。由于情况的限制，目前还没有太多初学者或儿童参与该方向研究。从语言发展过程和规律的角度来看，很明显，缺乏对儿童或初学者语言习得的检查将不可避免地影响学习者中介语的完整性研究。最后是研究时间的视角问题。目前国内对中介语的纵向和历时研究很少，主要以静态、共时的横向研究为主，这种做法不利于深化对中国 EFL 学习者中介语发展全貌的认识。希望未来的研究者不仅能够产出见效快、周期短的共时研究成果，而且还能进行系统性的语料收集工作，并积极开展针对我国 EFL 学习特点的历时性研究。

2. 丰富研究内容目前

国内对中介语言的研究较多围绕语言特征，是从语法、语义、语用等方面对中介语进行静态描写研究。这种做法很容易忽视中介语的全局性发展规律。因此有必要加强对中国 EFL 学习者中介语的过程性研究。

此外，研究还可以结合心理学、社会学、认知科学等学科的最新研究成果，尝试进行交叉学科的研究。目前，第二语言习得研究更多地融合了哲学、社会学、心理学等社会科学的成果，随着脑科学和神经科学的发展，语言认知科学的研究也将逐渐深入。随着多学科的交叉融合，研究人员应该通过吸收每个学科的价值，更好地把握中介语研究的跨学科方向。例如，结合心理学的最新测量技术，例如眼动技术、大脑成像技术，进行中介语研究数据的收集就是一个很好的跨学科创新的尝试。

3. 拓宽研究层面

作为一种语言系统。中介语必须在各个语言层次上进行研究。目前国内的研究仍主要集中在句法和词汇层面，如针对不同类型动词的变异、时态、句法结构的习得研究。尽管语音错误对交际的影响较小，但目前针对中介语的语音层面的研究尚显不足。针对中介语语篇的系统性研究和针对中介语语义系统的研究也有待开展创新性实证探索。

4. 落实研究成果的应用

二语习得研究不应只关注理论研究，而应将理论研究成果与我国当前的语言教学实践相结合，通过理论研究来指导和促进外语教学的实践。中介语的适用性主要体现在教学实践的参考意义。目前，大多数的研究都提到了中介语理论研究在外语教学中的作用，但对具体教学实践的指导性不强，一些经验性的建议，还有待进一步检验。研究人员可以利用国外的研究模型进行实证实地研究，也可以尝试将现有的中介语理论和研究成果应用到课堂设计和教材设计中，通过实验比较验证是否有助于学习者中介语的发展。中介语理论对教学中的指导作用必须在实践中更加明确和具体，才能促进我国外语教学和理论研究的双丰收。

中介理论从提出至今已显示出强大的理论解释力，系统描述了第二语言习得过程中中介语连续体的动态发展。理论中的许多观点比早期第二语言习得理论的某些观点更具有科学的解释力，因此具有广阔的研究前景，对外语教学具有重要的现实意义。然而，与其他语言理论一样，中介理论仍在发展中，尚未成熟。未来必须改进其研究方法和研究内容。

当前国内的中介语研究因为起步较晚，普遍落后于国际水平。然而，作为新兴的研究领域，我国的中介语研究充满活力，发展迅速。到目前为止，在研究人员和教育工作者的共同努力下，我国在这一领域已经有了一定的研究积累，这些成果对中国的外语教学和中介语研究有着积极的影响。然而，我们也应清醒看到目前与国外研究的差距，应认真总结经验，努力从研究方法、研究内容、研究视角和成果应用等方面重新调整今后研究方向。我们相信，在各级研究人员和教育工作者的共同努力下，国内的中介语相关理论探索和实证研究将走向成熟，为我国 EFL 教学发挥指导作用，为我国的 EFL 研究开辟新的视角。

主要参考文献

Adjemian, Christian. "On the Nature of Interlanguage Systems". Language Learning, 1976 (26): 297-320.

Bachman, L. The Development and Use of Criterion-referenced Tests of Language Proficiency in Language Program Evaluation [A]. In Johnson, R. K. (Eds.). The Second Language Curriculum [C]. Cambridge: Cambridge University Press. 1989: 242-258.

Bachman, L. Fundamental Considerations in Language Testing. Oxford: Oxford University Press. 1990: 84-98.

Bachman, L. & A. Palmer. Language Assessment in Practice. Oxford: Oxford University Press. 2010: 257.

Bialystok, E. Communication Strategies: A Psychological Analysis of Second-Language Use. Oxford: Basil Blackwell Ltd. 1990: 158+170.

Bialystok, E. Symbolic Representation and Attentional Control in Pragmatic Competence [A]. In G. Kasper & S. Blum-Kulka (Eds.). Interlanguage Pragmatics [C]. Oxford: OUP. 1993: 43-57.

Bickerton, D. Dynamics of a Creole System. Cambridge: Cambridge University Press. 1975: 194-196.

Bley-Vroman, Robert. "The Comparative Fallacy in Interlanguage Studies: The Case of Systematicity". Language Learning, 1983 (8), 33: 1-17.

Blum S. & E. A. Levenston. "Universals of Lexical Simplification". Language Learning, 1978 (28): 399-416.

Brown, H. D. Principles of Language Learning and Teaching. Englewood Cliffs, New Jerse: Prentice-Hall Regents. 1987: 101-106.

Brown, H. D. Principles of language learning and Teaching. Beijing: Foreign Language Teaching and Research Press, 2002: 64.

Canale, M. From Communicative Competence to Communicative Language Pedagogy [A]. In J. Richards & R. Schmidt (Eds.). Language and Communication [C]. London: Longman GroupLtd. 1983: 2-27.

Chan, S. H. & Wong B. E. "Understanding the Pronoun Paradigm in a L2 Context: the Malaysian Experience". SLLT, 2001(10): 25-37.

Chomsky, N. Rules and Representations. New York: Columbia University Press. 1980: 224-225.

Corder, S. "The Significance of Learners' errors". International Review of Applied Linguistics, 1967 (5): 161-170.

Corder, S. "Idiosyncratic Dialects and Error Analysis". International Review of Applied Linguistics, 1971, 9(2): 147-160.

Corder, S. Introducing Applied Linguistics. London: Penguin Books. 1973: 43-45.

Corder, S. Error Analysis [A]. In J. Allen and S. Corder (Eds.). The Edinburgh Course in Applied Linguistics. Oxford University Press. 1974: 248-269.

Corder, S. "Error Analysis in Interlanguage and Second Language Acquisition". Language Teaching, 1975, 8 (4): 201-218.

Corder, S. Strategies of Communication [A]. In C. Faerch. & G. Kasper (Eds.). Strategies in Interlanguage Communication [C]. London: Longman. 1983: 14-19.

Dörnyei, Z. & M. L. Scott. "Communication Strategies in a Second Language: Definitions and Taxonomies". Language Learning, 1997, 47(1): 173 - 210.

Dulay, H., M. Burt & S. Krashen. Language Two. Rowley, MA: Newbury House, 1982: 138.

Ellis, R. Understanding Second Language Acquisition. Oxford: Oxford University Press. 1985a: 53+101+125+182.

Ellis, R. "Sources of Variability in Interlanguage". Applied Linguistics, 1985b, 6(2): 118-131.

Ellis, R. The Study of Second Language Acquisition. Oxford: Oxford University Press. 1994: 226.

Ellis, R. The Study of Second Language Acquisition. Oxford: Oxford University Press. 1995: 55-56.

Ellis, R. "Item Versus System Learning: Explaining Free Variation". Applied Linguistics, 1999(20): 460-480.

Faerch, C. & G. Kasper. Strategies in Interlanguage Communication. London: Longman. 1983: 36+38-52+119-139.

Faerch, C.& G. Kasper. "Two Ways of Defining Communication Strategies". Language Learning, 1984 (34): 45-63.

Fraser, B. The Domain of Pragmatics [A]. In Richards, J. C. & R. Schmidt (Eds.). Language and Communication [C]. London: Longman. 1983: 134-155.

Giles, H. Accommodation Theory: Some New Directions. In Silva (Eds.). Aspects of linguistic behavior [C]. York: York University Press. 1980: 149-170.

Granger, S. Use of Tenses by Advanced EFL Learners: Evidence from an Error-tagged Computer Corpus [A]. In Hasselgard, H. & S. Oksefjell (Eds.). Out of Corpora—Studies in Honour of Stig Johansson [C]. Amsterdam: Rodopi. 1998: 191-202.

Gregg, K. "The Variable Competence Model of Second Language Acquisition and Why It Isn't". Applied Linguistics, 1990 (11): 364-383.

Grice, H. P. Logic and Conversation (A). In Cole, P. and J. L. Morgan (Eds.). Syntax and Semantics (C). New York: Academic Press. 1975: 41-58.

Gundel, J.& E. Tarone. Language Transfer and the Acquisition of Pronouns [A]. In Gass & Selinker (Eds.). Language Transfer in Language Learning [C]. Amsterdam/Philadelphia: John Benjamins Publishing Company. 1981: 87-100.

Haastrup, K.& R. Phillipson. Achievement Strategies in Learner / Native

Speaker Interaction [A]. In C. Faerch. & G. Kasper (Eds.). Strategies in Interlanguage Communication [C]. London: Longman. 1983: 178-199.

Halliday, M. A. K & Hasan. Cohesion in English. Longman Group Limited. 1976: 138-140.

Hamayan, E. & G. R. Tucker. "Language Input in the Bilingual Classroom and Its Relationship to Second Language Achievement". TESOL Quarterly, 1980, 14(4): 453-468.

Han, Z. H. "Fossilization: From Simplicity to Complexity". International Journal of Bilingual Education and Bilingualism, 2003(6): 95-128.

Han, Z. H. Fossilization in Adult Second Language Acquisition. Clevedon: Multilingual Matters. 2004: 164+286.

Han, Z. H. Fossilization: A Classic Concern of SLA Research [A]. In Gass, S. and A. Machey (Eds.). The Hand book of Second Language Acquisition [C]. New York: Routledge. 2011: 476-490.

Hyltenstam, K. & N. Abrahamsson. Maturational Constraints in SLA [A]. In Doughty, C. J. and M. H. Long (Eds.). The Handbook of Second Language Acquisition [C], Blackwell, Oxford. 2003: 539-588.

Hymes, D. H. On Communicative Competence. Harmondsworth: Penguin, 1972: 280.

James, C. Contrastive Analysis. Harlow Essex: Longman, 1998: 83.

James, C. Errors in Language Learning and Use: Exploring Error Analysis. Beijing: Foreign Language Teaching and Research Press. 2001: 66+87+291.

Jung, J. "Issues in Acquisitional Pragmatics". TESOL and Applied Linguistics, 2002(2): 1-34.

Kasper, G. "Schmidt. Developmental Issues in Interlanguage Pragmatics". SSLA, 1996(18): 149-169.

Kasper, G. Interlanguage Pragmatics [A]. In Byrnes, H. (Eds.). Learning Foreign and Second Language: Perspectives in Research and Scholarship [C]. New York: The Modern Language Association of American. 1998: 183-208.

Kasper, G. "Four Perspectives on L2 Pragmatic Development". Applied

Linguistics, 2001(22): 502-530.

Kellerman, E. "Crosslinguistic Influence: Transfer to Nowhere?". Annual Review of Applied Linguistics, 1995 (15): 125-150.

Krashen, S. The Input Hypothesis: Issues and Implications. London: Longman Group Limited. 1985: 10.

Labov, W. "The Intersection of Sex and Social Class in the Course of Linguistic Change". Language Variation and Linguistic Change, 1991 (2): 203-231.

Lado, R. Linguistics Across Cultures: Applied Linguistics for Language Teachers. Ann Arbor: University of Michigan Press, 1957: 2.

Lamendella, J. "General Principles of Neurofunctional Organization and Their Manifestations in Primary and Non-primary Language Acquisition". Language Learning, 1977(27): 155-196.

Lardiere, D. "Case and Tense in the 'Fossilized' Steady-state". Second Language Research, 1998 (14): 1-26.

Leech, G. Principles of Pragmatics. Oxford: Oxford University Press. 1983: 10-13.

Lenneberg, E. Biological foundations of Language. New York: Wiley & Sons. 1967: 321.

Lightbown, P. M. "Great Expectations: Second Language Acquisition Research and Classroom Teaching". Applied Linguistics, 1985, 6(2): 173-189.

Littlemore, J. "The Communicative Effectiveness of Different Types of Communication Strategy". System, 2003, 31 (3): 331-347.

Lyster, R. & L. Ranta. "Collective Feedback and Learner Uptake: Negotiation of Form in Communicative Classroom". Studies in Second Language Acquisition, 1997: 37-66.

Nakatani, Y. "Developing an Oral Communication Strategy Inventory". The Modern Language Journal, 2006, 90(2): 151-168.

Nemser, W. "Approximative Systems of Foreign Language Learners". International Review of Applied Linguistics, 1971, 9: 115-123.

Odlin, T. Language Transfer: Cross-linguistic Influence in Language Learning. Cambridge: Cambridge University Press. 1989: 73.

Oller, J.W. , Language Tests at School: A pragmatic Approach. London: Longman, 1979: 257.

Paribakht, T. "Strategic Competence and Language Proficiency". Applied Linguistics, 1985 (6): 132-146.

Poulisse, N. The Use of Compensatory Strategies by Dutch Learners of English. Dordrecht: Foris. 1990: 22.

Richards, J. "A Non-contrastive Approach to Error Analysis". English Language Teaching, 1971, 25(3): 204-219.

Richards, J. Error Analysis Perspectives on Second Language Acquisition. London: Longman Group Limited. 1974: 133.

Riley, P. Well Don't Blame Me! — On the Interpretation of Pragmatic Errors [A]. In W. Oleksy (Eds.). Contrastive pragmatics [C]. Amsterdam: John Benjamins Publishing Company. 1989: 231-249.

Rose, K.R. Pragmatic Consciousness - Raising in an EFL Context [A]. In Bouton, L.F.& Y. Kachru (Eds.). Pragmatics and Language Learning [C]. Illinois: Division of English as an International Language, University of Illinois, Urbana-Champaign. 1994(5): 52-63.

Rose, K.R. Pragmatics in the Classroom: Theoretical Concerns and Practical Possibilities [A]. In Bouton, L.F. (Eds.). Pragmatics and Language Learning [C]. Illinois: Division of English as an International Language, University of Illinois, Urbana-Champaign. 1997(8): 267 − 295.

Rover, C. Testing ESL Pragmatics. New York: Peter Lang. 2005: 162.

Rover, C. "Validation of a Web-based Test of ESL Pragmalinguistics". Language Testing, 2006, 23(2): 229-256.

Rover, C. Testing ESL Pragmatics. New York: Peter Lang. 2014: 245.

Schather, Jacquelyn. "An Error in Error Analysis". Language Learning, 1974 (24): 205-214.

Schumann, J. The Pidginization Process: A Model for Second Language

Acquisition. Rowley, MA: Newbury House. 1978: 274.

Selinker, L. "Language Transfer". International Review of Applied Linguistics, 1969(9): 67-69.

Selinker, L. "Interlanguage". International Review of Applied Linguistics, 1972(10): 209-230.

Selinker, L.& J.Lamendella. "Two Perspectives on Fossilization in Interlanguage Learning". Interlanguage Studies Bulletin, 1978(3): 143-191.

Selinker, L.& U.Lakshmanan. Language Transfer and Fossilization: the Multiple Effects Principle [A]. In S.Gass & L.Selinker (Eds.). Language Transfer in Language Learning [C]. Amsterdam: John Benjamins. 1992: 197-217.

Selinker, L.& Z.H.Han. Fossilization: Moving the Concept into Empirical Longitudinal Study [A]. In C.Elder, A.Brown, E.Grove, K.Hill, N.Iwashita, T.Lumley, T.McNamara & K.O' Loughlin (Eds.). Studies in Language Testing: Experimenting with Uncertainty [C]. Cambridge: Cambridge University Press. 2001: 276-291.

Spolsky, B. "Communicative Competence, Language Proficiency, and Beyond". Applied Linguistics, 1989, 10(2): 138-156.

Stern, H. Fundamental Concepts of Language Teaching. Oxford: Oxford University Press. 1983.

Takahashi, S. "Pragmalinguistic Awareness: Is It Related to Motivation and Proficiency? ". Applied Linguistics, 2005, 26(1): 90-120.

Tarone, E. Conscious Communication Strategies in Interlanguage: A Progress Report [A]. In Brown, H.D. , C.A.Yorio, and R. C.Crymes (Eds.). Teaching and Learning English as a Second Language: Trends in Research and Practice [C]. Washington D. C. : TESOL. 1977(77): 194-203.

Tarone, E. "Interlanguage as Chameleon". Language Learning, 1979, 29(1): 181-191.

Tarone, E. "Communication Strategies, Foreign Talk and Repair in Interlanguage". Language Learning, 1980(30): 417-431.

Tarone, E. "Some Thoughts on the Notion of Communication Strategy". TESOL Quarterly,1981(3):285-295.

Tarone, E. "On the Variability of Interlanguage Systems". Applied Linguistics,1983,4(2):143-163.

Tarone, E. "On Variation in Interlanguage: a Response to Gregg". Applied Linguistics,1990,(11):392-400.

Taylor, G. "Errors and explanations". Applied Linguistics,1986,7(2):144-166.

Thomas, J. "Cross-cultural Pragmatic Failure". Applied Linguistics,1983,4(2):91-112.

Váradi, T. "Strategies of Target Language Learner Communication: Message Adjustment". Paper originally presented at the 6th Conference of the Rumanian-English Linguistics Project, Timisoara, Rumania.1973.IRAL,1980,18(1):59-71.

Vigil, N.A.& J.W.Oller. "Rule of Fossilization: a Tentative Model". Language Learning,1976(26):281-295.

White, L. "Universal Grammar: Is It Just a New Name for Old Problem?"[A].S.Gass & L.Selinker(Eds.).Language Transfer in Language Learning[C].NY:Newbury House.1983:171-211.

Yule, G.Pragmatics.New York:Oxford University Press.1996:37.

蔡龙权,戴炜栋.错误分类的整合[J].外语界,2001(4):52-57.

陈万霞.英语学习者作文中的搭配错误分析[J].解放军外国语学院学报,2002(01):60-62.

陈新仁.语用学研究的社会心理维度[J].中国外语,2009,6(05):46-52.

戴曼纯.第二语言习得者的交际策略初探[J].外语界,1992(03):8-12.

戴曼纯.中介语可变性之争及其意义[J].外语与外语教学,1999(01):15-18.

戴炜栋，牛强．过度语的石化现象及其教学启示［J］．外语研究，1999（2）：10-15．

戴炜栋，束定芳，对比分析、错误分析和中介语研究中的若干问题——外语教学理论研究之二［J］．外国语，1994a（5）：1-7．

戴炜栋，束定芳，外语交际中的交际策略研究及其理论意义——外语教学理论研究之三［J］．外国语，1994b（6）：27-31．

戴曼纯，王湘玲．误差分析：问题与思考［J］．外语界，1997（03）：12-17．

戴伟栋，杨仙菊．第二语言语用习得的课堂教学模式［J］．外语界，2005（1）：2-8．

董俊虹．大学生英语写作中语篇衔接与连贯的错误分析［J］．外语教学，1999（01）：84-87．

冯奇，万华．大学英语多媒体教学的实验报告［J］．外语界，2003（04）：32-39．

傅伟锋．误差分析及其在中介语系统中的意义［J］．内蒙古农业大学学报（社会科学版），2007（02）：331-332．

高一虹．语言能力与语用能力的联系——中国、拉美学生在英语字谜游戏中的交际策略对比［J］．现代外语，1992（02）：1-9+72．

顾曰国．礼貌、语用与文化［J］．外语教学与研究，1992（04）：10-17+80．

韩宝成，黄永亮．中国英语能力等级量表的研制——语用能力的界定与描述［J］．现代外语，2018，41（01）：91-100+146-147．

何春燕．我国语用能力培养研究述评［J］．外语教学理论与实践，2011（04）：65-71．

何广铿．英语教学法基础［M］．广州：暨南大学出版社，1995：64-66．

何华清．非英语专业学生写作中的词汇错误分析——一项基于语料库的研究［J］．外语界，2009（03）：2-9．

何自然．语用学概论［M］．长沙：湖南教育出版社，1988：203．

何自然．什么是语际语用学［J］．国外语用学，1996（1）：1-6．

何自然. 语用学与英语学习 [M]. 上海：上海外语教育出版社，1997：117+205-206.

洪岗. 语际语语用学研究 [J]. 杭州教育学院学报，2000（03）：1-7.

洪流. 中介语错误探源 [J]. 山东外语教学，1998（04）：35-38.

侯松山. 任务和性别对外语交际策略的影响 [J]. 解放军外国语学院学报，1998，21（6）：18-23.

胡庚申. "国际交流语用研究"内容综观 [J]. 外语研究，2000（03）：10-13.

胡坚. "错误"研究的理论与方法及错误纠正策略 [J]. 山东外语教学，2004（05）：57-60.

孔京京. 开展交际策略教学的一项研究 [J]. 外语界，2004（05）：33-39.

李刚. 英语跨文化交际敏感域和交际策略研究 [J]. 外国语（上海外国语大学学报），1999（05）：38-43.

李炯英. 中介语石化现象研究30年综观 [J]. 国外外语教学，2003（4）：19-24.

刘鹏，朱月珍. 交际策略的使用与性格的关系 [J]. 三峡大学学报，2001（5）：72-74.

刘绍忠. 国外语际语用学现状与我国语际语用学研究的思考 [J]. 现代外语，1997（03）：73-80.

刘绍龙. 英语中介语句法范畴变异的动态研究——一项对儿童和大学生的跟踪调查 [J]. 现代外语，1998（02）：66-81.

刘绍忠，钟国仕. 语用关联与跨文化交际中的五类语用失误 [J]. 柳州师专学报，2001（2）：34-39.

刘绍忠，钟国仕. 语用语言失误与社交语用失误 [J]. 广西师范大学学报（哲学社会科学版），2002（1）：44-48。

卢植，刘友桂. 英语学生在CMC中的交际策略运用 [J]. 外语电化教学，2005（02）：18-22.

吕叔湘. 汉语语法分析问题 [M]. 北京：商务印书馆，1979：21.

孟冬. 交际策略运用对比研究 [J]. 教育理论与实践，2005（6）：

60-62.

牛强. 过渡语的石化现象及其教学启示 [J]. 外语与外语教学, 2000 (5): 28-31.

冉永平. 外语学习的语用学综览与管见 [J]. 外语研究, 2006 (01): 48-51.

申小龙. 当代中国语法学 [M]. 广州: 广东教育出版社, 1996: 256-261.

束定芳, 庄智象. 现代外语教学——理论、实践与方法 [M]. 上海: 上海外语教育出版社, 1996: 214.

苏红霞. 中国学生英语过渡语动词差错分析 [J]. 外语教学, 2002 (01): 36-41.

王立非. 国外第二语言习得交际策略研究述评 [J]. 外语教学与研究, 2000, 32 (2): 124-131+160.

王艳. 学习者的第二语言程度和性格差异对交际策略选择的交互影响——对交际策略使用的实证研究 [J]. 外国语言文学, 2002 (4): 249-254+233.

温伟力. 目标语和母语对中介语认知系统构建的影响与作用 [J]. 南阳理工学院学报, 2012, 4 (5): 1-7.

吴丽林. 内/外性格倾向优秀语言学习者学习策略运用研究 [J]. 外语学刊, 2005 (2): 80-87.

姚霖霜, 阙紫江, 秦晓晴. 跨文化语用交际策略 [J]. 外语电化教学, 2008 (03): 13-17.

曾路, 李超. 运用仿真情景对话培养英语口头交际能力——交际策略训练实验报告 [J]. 外语界, 2005 (4): 41-47.

曾敏, 邹心胜. 语际语用学的文化解读 [J]. 贵州民族学院学报（哲学社会科学版）, 2009 (6): 34-36.

战怡如. 交际策略和对外汉语交际能力 [J]. 黑龙江教育学院学报, 2014, 33 (04): 159-160.

张巨文. 语用失误与外语教学 [J]. 郑州大学学报（社会科学版）, 2000 (04): 125-128.

张望发，柳英绿. 关于中介语产生因素及相互关系的再认识[J]. 东北大学学报（社会科学版），2010，12（4）：358-362.

张文忠，杨士超. 中国学习者英语语料库中动名搭配错误研究[J]. 解放军外国语学院学报，2009，32（02）：39-44.

张妍岩. 英语中介语BE动词省略与"体假设"[J]. 外语教学与研究，2010，42（02）：117-124+161.

赵晨. 不同水平英语教学中的教师纠正反馈语——一项基于语料库的研究[J]. 解放军外国语学院学报，2005（03）：35-39+44.

附 录

附录1

英语语音意识和能力调查问卷

各位同学，你们好！

本调查目的是了解你对英语语音学习过程的一些问题的看法。请根据要求，如实反映你的实际情况和真实想法。所有数据仅供研究使用。

我们保证对你的所有信息保密！非常感谢你的帮助！

学　号：＿＿＿＿＿＿　　　姓名：＿＿＿＿＿＿

性　别：＿＿＿＿＿＿　　　专业：＿＿＿＿＿＿

生源地（省份）：＿＿＿＿＿＿

1. 在英语学习中，你更侧重学习＿＿＿＿（限选1至3项）

   A. 词汇

   B. 语法

   C. 听力

   D. 阅读

   E. 写作

   F. 语音

2. 在中学阶段，你学过什么英语语音知识？＿＿＿＿（可以选择多项）

   A. 音标

   B. 重音

   C. 语调

D. 连读

E. 节奏

F. 划分音节

G. 爆破

H. 以上都有

I. 以上都没有

3. 你可以准确读出每个音标吗？____（单项选择）

A. 完全可以

B. 基本可以，个别不是很确定

C. 部分可以，部分不清楚

D. 大部分都不会读

4. 你觉得你的英语语音语调主要存在哪些方面的问题？____（可以选择多项）

A. 重读

B. 连读

C. 爆破

D. 意群

E. 节奏

F. 语调

G. 以上都有

H. 没问题，很地道

I. 我也不确定

5. 如果老师在课堂上讲解语音知识，你希望涉及什么样的内容？____（可以选择多项）

A. 音标

B. 重音

C. 语调

D. 连读

E. 节奏

F. 划分音节

6. 你觉得语音语调会多大程度影响四六级口试或其他口试成绩？____（单项选择）

A．不会影响

B．10%-30%

C．30%-60%

D．60%-90%

E．100%

7. 你认为非英语专业的学生应该达到怎样的英语语音水平？____（单项选择）

A．听不出中式口音，语音语调纯正，能够达到母语的水平

B．能够听出轻微的中式口音，但发音准确，语调自然，能成功交流

C．带有一定的中式口音，但发音比较准确，语调比较自然，可以成功交流

D．带有较重的中式口音，某些发音存在问题，语调不是很自然，但基本可以交流

8. 单词"interesting"一词有几个音节？____（单项选择）

A．两个

B．三个

C．四个

D．不知道

9. 单词"increase"一词作动词时，重音在第几个音节？____（单项选择）

A．第一个

B．第二个

C．第三个

D．不清楚

10. "lamp-post"一词中，哪个音可以失去爆破？____（单项选择）

A．第一个 /p/

B．第二个 /p/

C．不清楚

11. "This is the first time."画线词的尾音 /t/ 完全可以不发出来。____（单项选择）

    A．完全同意

    B．比较同意

    C．不确定

    D．比较反对

    E．坚决反对

12. 单词"student"画线部分常有不止一种发音形式。____（单项选择）

    A．完全同意

    B．比较同意

    C．不确定

    D．比较反对

    E．坚决反对

13. 单词"art"和单词"artificial"两个词的画线部分发音是完全一样的。____（单项选择）

    A．完全同意

    B．比较同意

    C．不确定

    D．比较反对

    E．坚决反对

14. 读单词"please"时候一定要展唇，才能发准确。____（单项选择）

    A．完全同意

    B．比较同意

    C．不确定

    D．比较反对

    E．坚决反对

15. 单词"like"和单词"feel"中字母"l"的发音是不同的。____（单项选择）

    A．完全同意

    B．比较同意

C．不确定

D．比较反对

E．坚决反对

16．单词"sing"和单词"thing"的发音听起来基本是一样的。____（单项选择）

A．完全同意

B．比较同意

C．不确定

D．比较反对

E．坚决反对

17．"I can't make it in the room."这句话有几个连读？____（单项选择）

A．0个

B．1个

C．2个

D．3个

E．不清楚

18．"Is that your pen?"这句话应该用什么语调？____（单项选择）

A．升调

B．降调

C．平调

D．不清楚

再次感谢你的真诚帮助！

附录 2

英语语音前测试题

姓名：_____ 学号：_____ 性别：_____

专业：_____ 生源地（省份）：_____

一、请朗读下面的单词（请注意画线部分的读音）。每个单词 1 分

1. sa<u>v</u>e   sa<u>f</u>e   po<u>l</u>ice   <u>pl</u>ease   <u>v</u>ehicle   <u>wh</u>eat
2. <u>l</u>ice   <u>n</u>ice   no<u>s</u>e   po<u>s</u>e   <u>ch</u>arity   <u>ch</u>emistry
3. pee<u>l</u>   <u>l</u>ight   st<u>a</u>ck   s<u>a</u>ck   exp<u>lor</u>e   <u>s</u>ore
4. <u>where</u>   <u>air</u>   <u>au</u>thor   <u>although</u>   <u>assume</u>   <u>presume</u>
5. <u>year</u>   <u>ear</u>   <u>strain</u>   <u>stride</u>   <u>sing</u>   <u>thing</u>

二、请朗读下面的音标（请注意重音）。每个音标 2 分

1. [riˈsɔːs]   [ˈdʒaiənt]   [ˈrummeit]
2. [jiːld]   [ˈvɜːtʃuəl]   [ˈfæklti]
3. [juˈniːk]   [trænsˈmit]   [kəˈpæsəti]
4. [əˈʃuəd]   [ˈdiːsnt]   [diˈspeə(r)]
5. [ˈdʒenjuin]   [pəˈtenʃl]   [ˈinstiŋkt]

三、请朗读下面的短语（请注意连读、弱读、失去爆破）。每个短语 2 分

1. credit card;   hire a horse;   take in
2. usually very shy;   drug traffic;   dead tired
3. next door;   good guy;   out of town
4. very worry;   not at all;   time and tide
5. sum up experience;   a good chance;   figure out

四、请朗读下面的句子（请注意语气和语调）。每个句子 2 分
1. Mr. Smith talked about this, that, and the other.
2. Are you sure of it?
3. What did you do yesterday?
4. I'm not late, am I?
5. What a nice day it is!

附录3

中国EFL学习者中介语语用能力测试1——言语行为（Speech Act）实施能力量表

姓名：_____

学号：_____

大学英语四级成绩：_____

问卷说明：阅读以下情形，用<u>英语</u>写出您在以下情形中的答话。

情形1：

你的朋友收到两份会议邀请，会议的时间是彼此冲突的。他拿不定主意应该参加哪一个会议，因此他找你求助。

You would say:

_____
_____
_____

情形2：

新学期开学，你的室友看到你返校后的新衣服，他对你说："你穿新衣服很酷！"你会做如何回复？

You would say:

_____
_____
_____

情形3：

作为留学生，你第一次去当地同学家里做客，见到同学的父母，你向他们打招呼。

You would say:

_____
_____

情形 4：
前一天晚上你因为参加同学的生日聚会，错过了提交作业的截止时间。第二天课上你向老师解释未完成作业的缘由。

You would say:
_____
_____

情形 5：
你把同学的水杯打破了，你向他表示道歉。

You would say:
_____
_____

情形 6：
在自习室，后排的同学请你把耳机的声音关小一些，你的回应是？

You would say:
_____
_____

情形 7：
你的同学今天获得了奖学金，他很开心，你向他表示祝贺，并赞美他在学习上的自律和刻苦。

You would say:
_____
_____

情形 8：

朋友借给你自行车使用了几天，你不小心把自行车摔坏了，你如何向朋友解释。

You would say:

_____
_____
_____

情形 9：

你同学请你帮他从食堂打一份外卖带回寝室，你因有急事拒绝了。

You would say:

_____
_____
_____

情形 10：

假期你外出旅游，留下了很多珍贵的照片，朋友来家中看到了这些照片，对你的拍照技术赞不绝口，你如何回应？

You would say:

_____
_____
_____

情形 11：

你的同学为准备大学英语四级考试很着急，他不知道如何准备，因此向你求助，你如何向他提供帮助？

You would say:

_____
_____
_____

情形 12：

因为生病你请假了一周，由于担心落下学习进度，你向班上的同学求助，请他帮你辅导这一周的课程，你会如何求助？

You would say:
_____
_____

情形 13：
你把咖啡碰洒了，同桌的书本沾了很多咖啡渍。你会怎么说？
You would say:
_____
_____

情形 14：
同桌因为生病住院，一个月后他康复出院了，你向他表示祝贺。
You would say:
_____
_____

情形 15：
老师表扬你学习认真，自律性强。你做什么回应？
You would say:
_____
_____

情形 16：
你和朋友约好周末去爬山，但周五晚上接到导师的通知，要求周末参加学术研讨，你向朋友建议改日再约，并表示你的歉意。
You would say:
_____
_____
_____

情形 17：

你的同学新买了一个篮球，周末到了你打算借来打比赛。你会如何说？

You would say:

_____

_____

_____

情形 18：

你去火车站接朋友，约定在北广场的出站口见面。到了车站你发现找不到北广场出站口的路线，你向路人求助。

You would say:

_____

_____

_____

情形 19：

数学课上的习题难倒了你，你向同桌求助。

You would say:

_____

_____

_____

情形 20：

你参加了英语社团练习口语，经过半年的努力，口语表达能力得到很大提高，朋友们纷纷向你表示祝贺，你如何对他们的表扬做出回应？

You would say:

_____

_____

_____

情形 21：

你的朋友大四了，考研和就业都成功了，现在他不知道应该继续上学还是直接参加工作，他征询你的意见。

You would say:

_____

_____

情形 22：

你在图书馆丢了学生卡，在图书管理员的帮助下找回了失物，你向他表示感谢。

You would say:

_____

_____

情形 23：

在校园的英语角活动中，你遇到了几位留学生同学，你想和他们对话练习你的口语，你如何与他们打招呼？

You would say:

_____

_____

情形 24：

你把同学心爱的 MP3 播放器弄丢了。你会怎么和他说？

You would say:

_____

_____

情形 25：

因为生活中的琐事，你和同寝室的同学发生了口角，事后你找他和解并表示歉意。

You would say:

_____

_____

情形 26：
晚上你的室友还在打游戏，影响你的睡眠，你要求他关灯就寝。
You would say:
_____
_____

情形 27：
今天天气良好，你邀请同桌去操场跑步。
You would say:
_____
_____

情形 28：
身体不舒服，你向老师请假今天的课程。
You would say:
_____
_____

情形 29：
同学邀请你参加他们的大学生创新创业项目，你因时间冲突拒绝了。
You would say:
_____
_____

情形 30：
公交车上，你向一位陌生乘客借手机打个电话。
You would say:
_____
_____

附录 4

中国 EFL 学习者中介语语用能力测试 2——会话含义（Implicature）理解能力量表

姓名：_____

学号：_____

大学英语四级成绩：_____

问卷说明：阅读以下情形，选出您认为最佳的答案。

1. Mr. Liang and Mr. Jiang met at a party for the first time.

Mr. Liang: Would you mind telling me your address?

Mr. Jiang: It is somewhere near the airport.

By this Mr. Jiang means:

A. I don't think it is suitable to talk my privacy here.

B. Welcome to my home to be a guest.

C. I live far away from here.

D. It is not an easy job to show you the exact position of my home.

2. Wang is looking for his tutor and he is asking Zhang for help.

Wang: "Do you know where can I find my tutor?"

Zhang: "He has gone to the meeting room. He said so when he left about 1 hour ago."

By this Zhang means_____

A. Your tutor is probably in the meeting room.

B. Your tutor must be in the meeting room.

C. Your tutor was on his way to the meeting room.

D. Zhang doesn't know where the tutor is.

3. Li is introducing his family to his classmates. When introducing his father, Li said, "I think my father is made of iron."

By this Li means_____

A. He does not like his father.

B. His father is a robot.

C. He is proud of his father for his strong body and will.

D. He doesn't want to talk with his father.

4. Leo and Bruce are talking to each other at a party.

Leo: You know? My director's wife is bald.

Bruce: Well, the wine tastes good, is isn't?

By this Bruce means:

A. I don't know.

B. You should not talk about others behind their backs.

C. I want another cup of wine.

D. I agree with you.

5. Liu met his friend Yi on his way to classroom.

Liu: "I heard that you went to the biggest supermarket in the downtown yesterday, what did you buy?"

Yi: "Oh, you know, just something for daily use."

By this Yi means_____

A. She doesn't want to talk about what she bought.

B. She didn't buy anything yesterday.

C. She did not go to the supermarket.

D. She bought something from the supermarket.

6. Peter's neighbor Larry was very angry, because Peter's son had broken his window.

Larry: "For God's sake, do you know what your son just did? He broke my window."

Peter: "Well, Boys are boys. I'll call the repairman."

By this Peter means_____

A. As boys, being naughty is their nature. We don't need to be angry about it.

B. I am not sure whether it was done by my son or not.

C. Your sons are boys too.

D. You can't scald my son.

7. Wang is going to apply for a new position in an IT company, and he needs a recommendation letter from his previous director Mr. Bao. Mr. Bao agrees to write a recommendation letter for him. The letter goes like this:

"Dear Sir, Mr. Wang is very good at driving cars. In the past 3 years he had no records of traffic rules violation."

By this Mr. Bao means_____

A. He thinks Mr. Wang is not suitable for the job.

B. Mr. Wang is a good driver.

C. Mr. Wang is competent for the new job.

D. Mr. Wang has been a good colleague for 3 years.

8. Liang is talking with his wife about their son's history exam.

Liang: "How is our son's history exam?"

His wife: "Not very well, indeed, because the exam is all about things that happened before the poor boy was born."

By this his wife means_____

A. History is too difficult.

B. Her son should be blamed for the poor grades.

C. Her son did a good job on the exam.

D. History should test something that happens in today.

9. John and Mary are dating.

Mary: "Do you like me?"

John: "You are the cream in my coffee."

By this, John means_____.

A. He likes cream.

B. He likes coffee.

C. He likes her very much.

D. He doesn't like her.

10. John and Lucy are talking in the restaurant.

John: "Professor Wen's wife is getting fatter and fatter."

Lucy: "The fish is so delicious, why not take a try."

By this Lucy means_____

A. I don't want to talk about Professor Wen's wife.

B. The fish tastes good.

C. She doesn't know who is Professor Wen.

D. She agrees with John.

11. John: "Let's buy something for the kids for the weekend."

John's wife: "Great. But I strongly veto I-C-E-C-R-E-A-M-E."

By this John's wife means_____

A. Don't buy them ice-cream.

B. Remember to buy some ice-cream.

C. Ice-cream is good, but not today.

D. I would like some ice-cream.

12. Lily is talk to her supervisor about her assignment.

Lily: "Did you get my assignment, sir?"

Supervisor: "I did get 3 pages clipped together and covered with a mass of scribbles."

By this Supervisor means_____

A. He is not satisfied with the assignment.

B. He received her assignment.

C. He didn't receive her assignment.

D. He is very satisfied with the assignments.

13. Mum: "Where is the cake?"

Sissi: "Lucy was just in the kitchen."

By this the Sissi means_____

A. Lucy ate the cake.

B. She does not know where the cake is.

C. She ate the cake.

D. She ate the cake with Lucy.

14. David is talking to a girl at a ball.

David: May I know your name?

Girl: Yuhe Wang. And yours?

David: David. David Zhang. My friends all call me Dave. I am a director in a bank. I'm going to Beijing on a business trip next month.

By this David means_____

A. He is a successful man and he wants to leave a good impression on the girl.

B. He works for a bank.

C. He is going to Beijing next month.

D. He is a director.

15. Dad and Mum are talking about where to have dinner.

Dad: "Let's go to a restaurant to enjoy the weekend's night."

Mum: "Very well, but I don't recommend M-C-D-O-N-A-L-D-S."

By this Mum means_____

A. She doesn't like eating out.

B. Eating outside is good, but not to the McDonalds.

C. They will go to the McDonalds next time.

D. They should stay at home for the meal.

16. Dad is checking the son's homework.

Dad: "Which courses did you take yesterday?"

Son: "Just as usual."

By this the son means_____

A. He does not want to talk about the courses in details.

B. There is no homework yesterday.

C. The courses are very easy for him.

D. He has finished all the required homework.

17. Peter is going to buy a new house, but he doesn't have enough money.

Peter: "I wish you can lend me 10,000 RMB for the new house."

Bily: "My son is going to buy a new car this month."

By this Bily means_____

A. He can't lend Peter the money, because his son is going to use it.

B. He can offer the help.

C. His son is going to have a new car.

D. He wants to buy a car for himself too.

18. Mr. Liang has just come out of the cinema and met Mrs. Zhu.

Zhu: "What do you think of the film?"

Liang: "I can not praise the film too highly."

By this the Liang means_____

A. The film is just so-so.

B. The film is not good.

C. The film is so good that it deserves high praise.

D. The film is OK, but it does not deserve high praise.

19. John is trying to find a house to rent in Washington and tells his friend Billy about it.

Billy: "Is the rent high?"

John: "Is the Pope Catholic?"

By this John means_____

A. The rent is low.

B. The rent is high.

C. He doesn't fell like answering the question.

D. The apartment belongs to the church.

20. Bob is your boss and you don't like him very much. One day you say to your friend, Leo, "Bob is disgusting." Leo says sympathetically, "Well, he is your boss."

By this Leo means_____

A. What you said is true; anyway, he's your boss; you have to bear it.

B. You should not say that.

C. You'd better try your best to make him like you.

D. You are not supposed to talk about your boss.

附录5

中国 EFL 学习者中介语语用能力测试 3——程式话语（Routine）实施能力量表

姓名：_____

学号：_____

大学英语四级成绩：_____

问卷说明：阅读以下情形，选出您认为最佳的回答。

1. 在拥挤的大街上，一位女士撞到了你，女士对你说："真不好意思，撞到您了。"

你会说："_____"

A. No sorry.

B. That's all right.

C. It's nothing.

D. I am sorry too.

2. 作为一名留学生，你向一位当地的陌生人求助："您好，请问去飞机场应该搭乘哪辆公交车？对方回答说："抱歉，我也不清楚。"

你的回答是："_____"

A. OK!

B. Thank you anyway.

C. I see. Please forget about it.

D. Really?

3. 你是一名导游，带着游客参观一处旅游景点。参观结束后，你打算带领游客前往下一个景点，你会如何向游客做说明。

你会说："_____"

A. Everybody, please come here!

B. Listen to me, everybody please follow me!

C. Now let's move on!

D. This way, please.

4. 在朋友家里,对方很热情地为你煮了一杯咖啡。你很想品尝,但出于顾虑不想给对方添麻烦,你拒绝了对方的提议。这时,对方进一步确认你是否想喝咖啡,并表示一点也不麻烦。你会如何做反应?

你会说:"_____"

A. Of course, please.

B. Well, perhaps I will change my mind, thanks.

C. No, thanks.

D. In fact, I think I would like it.

5. 在校园里,你遇到了同班的留学生同学 Lilly。

Lilly 说:"听说你在上周的 200 米决赛中获得了一等奖,祝贺你呀!"

你的回应会是:"_____"

A. Oh, don't mention it, I'm just lucky.

B. Thank you.

C. I would say I did my best.

D. You should have been there to see it.

6. 假设你的身份是一名商店的导购,一名顾客正向你迎面走来。

你会如何与该顾客开展对话:"_____"

A. Can I help you?

B. I am happy to be of service.

C. Excuse me, what can I do for you?

D. What's your needs?

7. 你是一名导游,带着游客刚刚吃完午餐。一位上了年纪的游客说:"我想出去上街逛逛。"作为导游,你如何回应?

你会说:"_____"

A. I don't think so. You need to rest first.

B. Fine, see you later. Take care.

C. You are too old to be there by yourself.

D. Is anyone going with you?

8. 你给同事 Blake 打电话，但他不在家，他的家人接了电话，你希望他的家人为你转告一条消息给 Blake。

你会说："_____"

A. Can you write down what I told you for him?

B. Can I leave a message?

C. Could you ask him to call back?

D. Can I leave you the information?

9. 作为一名留学生，你在图书馆外遇到了你的老师吴教授。你向吴教授打招呼："吴教授，最近一向可好？"吴教授说："我很好，谢谢。你呢？"

你会说："_____"

A. Oh, can't complain.

B. I'm very well, too. Thank you.

C. Same thing.

D. Just so so.

10. 你是一家跨国公司的经理，代表公司前往机场迎接前来洽谈商务合作的布朗先生（Mr. Brown）。见面后，你会如何确认对方的身份？

你会说："_____"

A. Hi, you must be Mr. Brown?

B. Excuse me. You are Mr. Brown, aren't you?

C. Excuse me, would you be Mr. Barnes?

D. Excuse me, may I ask are you Mr. Brown?

11. 你和朋友在聚餐，这时有人给你打电话。

你会和朋友说解释说："_____"

A. I am Sorry.

B. Excuse me.

C. Could you wait me for a minute?

D. Don't worry, I will answer it later.

12. 你在教室里上自习，这时你的同学 Bob 进来问否可以坐在旁边的座位。

你会说："_____"

A. Go ahead.

B. Yes, please.

C. Why not?

D. Please don't, because my friend is going to sit here.

13. 你和你的同学张艳在考试后聊天。你问她考得如何？她很难过，说："可能要挂科了，我感觉很糟糕，我也不明白为什么表现这么差劲。"

你会说："_____"

A. I am sure you can do better next time.

B. Oh, I shouldn't ask you about it.

C. Just try to forget about it.

D. Let's go shopping together.

14. 你朋友的祖父过世了，你向他表示哀悼并宽慰他。

你会说："_____"

A. Don't be sad. You know, all men are mortal.

B. I am so sorry to hear about your grandpa.

C. What happened to him? How did he die?

D. I am very sorry to hear your grandpa kicked the bucket.

15. 朋友邀请你到他家里吃饭，席间朋友热情地招呼你吃桌上的美食，最后你发现自己已经吃饱了，你会如何拒绝好友的盛情？

你会说："_____"

A. No, thanks. I'm full.

B. I don't want any more.

C. I think I'm finished now.

D. No, thank you.

16. 你的身份是一名跨国公司的职员，一天你为了赶项目的进度加班到很晚才离开公司，上司对你的付出表示肯定，并对你说："非常感谢你对公司的付出。"

你会回答:"_____"

A. It's my duty to do it.

B. Thank you, sir.

C. Oh, I think everyone would do it in my way.

D. Don't mention it.

17. 在街上,一位游客向你询问火车站的路线:" 我可以乘坐107路公交车前往火车站吗"

你会回答:"_____"

A. Of course.

B. Yes, you can.

C. What a stupid question.

D. If I were you, I will take it right now.

18. 你去外教老师家拜访老师,临走时,老师说:"非常高兴今天你的到来。"

你会说:"_____"

A. It is my pleasure.

B. Welcome to my home next time.

C. I have a good time here, sir.

D. I am glad to be here.

19. 作为一名留学生,你从学校打车去机场赶航班,上车时,你会对出租车司机如何说出你的目的地?

你会说:"_____"

A. The airport, please.

B. Can you drive me to the airport?

C. Excuse me, I wonder if you would send me to the airport?

D. Do you know the way to the airport?

20. 今天是你的生日,你的留学生朋友送了一份生日礼物给你,并祝福你生日快乐。

你会说:"_____"

A. I like it very much.

B. That's too expensive, I can not accept it.
C. You must have spent much money for the gift.
D. That's very nice of you. Thank you so much.

附录6

半结构式访谈提纲

从完成问卷 A、B、C 学生中，随机抽取 20 名学生进行访谈。访谈结果经过录音和撰写，是对定量数据的有效补充和佐证。访谈过程主要以英语进行，偶尔为了交谈顺利会有借助母语。访谈结束后，根据学生的回答，进行分类、简化、整合。本次访谈的话题有八个（如下），内容主要涉及英语学习过程中的语用能力和语用知识：

Question 1. Have you ever learnt pragmatics by yourself?

Question 2. What's your understanding of pragmatics?

Question 3. What is your understanding of interlanguage pragmatics?

Question 4. In learning pragmatic knowledge, which part is the most difficult to understand?

Question 5. Is it difficult for you to conduct speech acts? If yes, give some examples of your difficulties.

Question 6. Is it difficult for you to understand implicature? If yes, give some examples of your difficulties.

Question 7. Is it difficult for you to perform routines? If yes, give some examples of your difficulties.

Question 8. What are the major reasons of your difficulties in learning interlanguage pragmatics?